# 말투만 바꿔도
# 인생이 바뀐다

Change the way you speak, change your life

# 말투만 바꿔도
# 인생이 바뀐다

Change the way you speak, change your life

김태환 지음

새벽녘

# 말투는 생각보다 훨씬
# 큰 힘을 가진다

유독 함께 있으면 피곤해지는 사람이 있다.

"이건 해도 안 될걸."

"어차피 기한 내에 못 끝내."

어떤 일이든 문제가 생기면 늘 부정적인 결론으로 말을 끝내는 사람.

그 사람이 바로 나였다.

나는 그런 말들이 나를 보호해 주는 방어막이라고 믿었다. 하지만 그 말투는 나를 지켜주기는커녕 많은 관계를 망가뜨렸고, 내 앞에 찾아온 좋은 기회들마저 조용히 밀어냈다.

돌아보면 이유는 단순했다. 내가 입을 열 때마다 대화의 초점은 늘 '문제'에만 머물렀고, 해결이나 가능성에 초점을 맞추지 않았다. 현실적인 사람이라는 이유로 스스로의 가능성을 제한하고 단정 짓고 있었던 것이다. 내가 그토록 자주 내뱉던 말들은, 나를 보호하는 방패가 아니라 성장을 가로막는 벽이 되어 있었다.

그 사실을 깨닫게 된 계기는 한 은사님의 한마디였다. "네가 세상에 내뱉는 언어가 곧 네 현실이야. 매일 '힘들다', '안 된다'라고 말하면 뇌는 그걸 사실로 받아들여. 그래서 충분히 이겨낼 수 있는 상황에서도 스스로 어렵다고 착각하게 되고, 실제 삶도 그렇게 돼."

그 말을 듣는 순간 머리를 세게 얻어맞은 기분이었다. 나는 그동안 내 인생에 스스로 저주를 걸고 있었던 것이다. 언어는 단순한 소통의 도구가 아니다. 언어는 세상을 바라보는 '눈'과 같다. 부정적인 언어는 시야를 좁혀 실패와 좌절의 증거만 찾게 만들고, 긍정적인 언어는 어려운 현실 속에서도 한 줄기 빛을 찾아내도록 만든다. 성공한 사람들이 어렵고 힘든 상황에도 긍정적으로 삶을 대하는 이유다. 그들의 말투는 늘 문제가 아닌 '가능성'에 초점이 맞춰져 있고, 그 가능성을 따라서 문제를 풀어낸다.

이처럼 말투가 곧 인생의 방향을 결정한다. 부정적인 말투는 관계를 갉아먹을 뿐 아니라, 당신이 가진 잠재력까지 서서히 마모시킨다. 왜냐하면 당신의 말을 가장 많이 듣는 존재는 바로 당신의 뇌이기 때문이다.

우리는 하루에도 수없이 스스로에게 말을 걸며 살아간다. 긍정적인 말은 "나는 충분히 해낼 수 있다"라는 메시지를 뇌에 전달하는 자기 암시가 되고, 부정적인 말은 "나는 부족하다"라는 신호를 끊임없이 주입한다. 그래서 말투를 바꾼다는 것은 단순히 말을 예쁘게 고치는 일이 아니라 생각을 바꾸고, 행동을 바꾸고, 결국 인생의 흐름을 바꾸는 일이다.

이 책은 화려한 말솜씨를 가르치지 않는다. 대신, 당신이 무심코 반복해 온 말들이 어떻게 당신의 생각과 선택을 제한해 왔는지, 그리고 그 언어를 조금만 바꾸면 삶이 얼마나 다른 방향으로 흘러갈 수 있는지를 이야기한다.

바쁜 일상 속에서도 부담 없이 읽을 수 있도록 불필요한 설명은 덜어내고 핵심만 담았다. 하루 10분, 한 챕터. 총 30일이면 충분하다. 출퇴근길, 짧은 휴식 시간, 잠들기 전에도 가볍게 펼칠 수 있도록 만들었다.

당신이 뱉는 말에는 분명 힘이 있다. 그 힘을 자신을 가두는 데 쓰지 말고, 당신의 가능성을 넓히는 데 사용해 보자. 말투를 바꾸는 순간, 당신이 바라보는 세상도 조금씩 다른 얼굴을 드러내기 시작할 것이다.

말은 생각을 만들고, 생각은 선택을 만들며, 선택은 결국 인생의 방향을 결정한다. 이제, 당신의 말을 점검해 볼 시간이다.

# Contents

## DAY 1

# 말을 잘하기 위해 꼭 필요한 3가지

우리는 하루에도 수없이 많은 말을 하며 살아간다. 직장에서는 설득과 협상을 하고, 친구와의 대화에서는 감정과 안부를 묻는 등 대화는 일상의 거의 모든 순간을 차지하는 기본적인 의사소통 방식이다.

그런데 같은 말을 하더라도 유독 더 잘 전달하는 사람들이 있다. 그들의 말을 듣고 있으면 자연스레 경청하게 되고 말이 끝난 뒤에도 내용이 또렷이 남는다.

그 차이는 타고난 말재주에서 오지 않는다. 유창한

단어를 쓰거나 목소리가 좋아서도 아니다. 실제로 말을 잘하는 사람들은 말을 하기 전 생각 정리에 훨씬 많은 공을 들인다. 말을 잘한다는 것은 생각을 정리해 상대에게 전달하는 능력이고 이들은 그 과정을 습관처럼 반복했다. 그들이 이 과정을 어떻게 습관으로 만들었는지 차례대로 살펴보자.

## 1. 생각을 '글'로 쓰기

말을 잘하지 못하는 이유는 생각이 없어서가 아니라 정리되지 않은 상태에서 바로 말하기 때문이다. 반대로 말을 잘하는 사람들은 생각을 먼저 정리하는데 그들이 가장 자주 사용하는 방법이 바로 '글쓰기'다. 글쓰기는 단순히 기록하는 행위가 아니라 생각의 구조를 만들어 주는 도구다. 종이에 생각을 적기 시작하는 순간 생각을 가르는 기준이 자연스럽게 생긴다.

"이 말의 주제는 무엇인가?"
"이 말의 결론은 무엇인가?"

"이 결론을 뒷받침하는 근거는 무엇인가?"

이 과정을 거치면 생각이 말하기에 적합한 형태로 정리된다. 잘 정리된 생각은 말할 때도 논리적이고 자연스럽다. 중요한 대화나 발표를 앞두고 있다면 이렇게 연습해 보자. '내가 꼭 전달해야 할 내용을 완성된 문장으로 세 개만 적어보기.' 이 세 문장이 대화 전체의 중심을 잡아준다.

## 2. 상대의 입장에서 생각하기

말을 잘하지 못하는 가장 큰 이유 중 하나는 상대의 입장을 고려하지 않은 채 말하기 때문이다. 내가 하고 싶은 말, 내가 알고 있는 정보, 내가 중요하다고 생각하는 것만 쏟아내다 보면 상대를 이해하는 것에는 자연스럽게 뒤처질 수밖에 없다.

말을 잘한다는 것은 상대방의 배경과 상황을 잘 이해하며 말하는 것이다. 불필요한 단어는 삼가고, 쉬운 단어로 말하고, 구구절절 나열하지 않고, 상대가 이해하기 쉽게 말해야 한다. 이러한 대화법은 하루아침에 완성되지 않지만 아래를 잘 참고하면 습관으로 자리 잡을 수 있다.

"상대가 이 주제에 대해 어느 정도 알고 있는가?"

"이 정보가 상대에게 왜 중요한가?"

"이야기를 들은 뒤 어떤 질문을 할 것인가?"

상대의 입장에서 말을 하면 말의 속도, 단어 선택, 이야기의 순서가 자연스럽게 정리된다. 불필요한 설명은 줄고 상대가 가장 궁금해할 핵심부터 전달하게 된다. 이것이 바로 배려가 만들어낸 말하기 기술이다.

## 3. 주장과 근거를 명확히 제시하기

설득력이 떨어지는 말은 내용이 부족해서가 아니라 구조가 흐릿해서 생긴다. 감정적인 표현이나 두루뭉술한 의견만으로는 상대를 움직이기 어려운데 말을 잘하는 사람들은 이 점을 분명히 알고 있다. 그래서 그들은 결론을 먼저 말하고 그 이유를 뒤에 붙인다. 가장 핵심적인 결론을 먼저 제시한 뒤 판단의 근거를 구체적으로 설명하는 것이다. 이 순서만 지켜도 말의 전달력은 눈에 띄게 달라진다.

예를 들어, "저는 이 제품에 투자해야 한다고 생각합니다"라고만 말하면 단순한 의견에 불과하지만 아래와 같이 구조를 갖추면 강력한 메시지가 된다.

---

[주장] 우리는 A 제품의 출시 시기를 앞당겨야 합니다.

[근거 1] 최근 시장 조사 결과, 경쟁사의 유사 제품 출시가 3개월 이내로 예상됩니다.

[근거 2] 잠재 고객 100명을 대상으로 한 설문에서, 78%가 해당 기능에 높은 만족도를 보였습니다.

---

이처럼 결론과 근거를 분리해 말하면 듣는 사람은 판단의 흐름을 쉽게 따라올 수 있다. 말할 때 "이렇게 생각하는 이유는 두 가지입니다", "이 판단의 근거는 다음과 같습니다" 같은 연결어를 의식적으로 사용하는 것도 도움이 된다. 이런 습관이 쌓일수록 말은 단순한 의견을 넘어 신뢰 가능한 메시지가 된다.

결국 말을 잘한다는 것은 지적인 능력을 과시하는 일이 아니다. 생각을 정리하고, 상대를 고려하고, 핵심을 분명히 전달하는 태도에 가깝다. 이 세 가지가 갖춰질 때 대화의 질은 달라지고 더 나아가 인간관계 전반에 강력한 영향을 미친다.

이 글을 읽은 뒤, 내용을 이해하는 데서 멈추지 말고 실제 대화에서 하나씩 적용해 보자. 말에 기준과 구조가 더해질수록 당신의 생각은 흐려지지 않고 당신이 전달하는 가치 역시 훨씬 또렷해질 것이다.

"말하기 전에 먼저 이해하려 애써라."

— 스티븐 코비

## DAY 2

# 섣부른 조언 대신 '함께 고민'하기

우리는 종종 누군가가 고민을 털어놓을 때 '해결사' 역할을 하려고 한다. 친구가 직장 문제로 버거워하거나 연애 문제로 지쳐 있을 때 우리의 입은 자동적으로 "이건 이렇게 해야 해", "그건 잘못된 거야"와 같은 조언을 내뱉으려 한다. 이는 상대를 돕고 싶다는 선의에서 비롯된 행동이지만, 결과적으로는 관계를 악화시키거나 상대방의 무력감을 증폭시킨다. 그렇다면 왜 섣부른 조언은 기대와 달리 좋은 결과를 가져오지 못하는 걸까?

조언은 상대방의 '자율성'을 침해하고 그들의 감정을 '축소시키기 때문이다. 심리학자들은 조언이 대화의 흐름을 동등한 관계가 아닌 '전문가와 환자'의 구도로 만든다고 지적한다. 이 구도에서 조언을 듣는 사람은 무능하거나 문제가 있는 사람으로 취급되어, 이미 힘든 상황에서 자신의 능력까지 의심받는 부정적인 기분을 느끼게 되는 것이다.

자기 결정 이론의 권위자인 에드워드 데시(Edward L. Deci)와 리처드 라이언(Richard M. Ryan)의 연구에 따르면 인간은 삶에 대한 통제력을 스스로 확보하려 할 때 가장 높은 동기 부여와 만족감을 느낀다고 한다. 따라서 "이렇게 해봐"라는 조언은 상대를 돕기보다 스스로 무능하다고 느끼게 만든다.

이직을 고민하고 있는 친구에게 "지금 회사에서 더 버틸 이유 없어. 그냥 연봉 높은 곳으로 이직해"라는 조언은 친구의 고민을 단순한 '돈' 문제로 치부하여 그의 감정을 무효화한다. 이때 필요한 건 정답을 제시하는 '해결사'가 아니라, 함께 해답을 찾아주는 '동반자'다. 섣부른 조언 대신 상대방이 스스로 생각을 정리할 수 있도록 돕는 대화가 필요한 것이다.

공감적 대화의 핵심은 말을 건네는 방식에서 시작된다. 단순히 "힘내"라고 말하는 대신 상대방이 현재 겪고 있는 감정과 고민을 명확히 구분하여 물어보는 것이다. "지금 네 마음은 어때? 내가 당장 문제를 해결해 줄수는 없지만, 객관적인 입장에서 함께 고민해 보면 어떨까?" 이렇게 질문하는 것은 나의 한계를 인정하는 동시에 상대방의 자율성을 존중하는 안전한 대화를 만들어준다.

이러한 접근법은 특히 '동기 강화 상담'에서도 강조된다. 이 기법은 상담사가 일방적으로 해답을 제시하는 대신 내담자가 변화에 대한 동기를 스스로 발견하도록 돕는 것이 목표이다. 상대방에게 "너라면 분명 답을 찾을 수 있을 거야. 혹시 너무 힘들면, 내가 옆에서 같이 고민해 줄게."라는 강력한 메시지를 전달하는 것이다.

이직을 고민하는 친구에게 "혹시 괜찮으면, 지금 제일 고민되는 거 몇 가지만 말해줄래? 네 생각 정리하는 데 조금이라도 도움 되고 싶어."라고 말한다면 이 말은 당신이 판단을 내리는 대신, 친구가 자신의 생각을 언어화하고 구조화하도록 돕는 역할을 하게 될 것이다.

섣부른 조언 대신 '함께 고민하기'를 제안할 때 우리는 단순히 말을 건네는 것을 넘어 상대방의 존엄성을 인정하게 된다. 진정한 공감은 상대방의 고통을 이해하려 애쓰는 것뿐만 아니라 그 고통을 헤쳐 나갈 힘이 이미 그 사람 안에 내재되어 있음을 신뢰하는 데서 시작된다.

이 대화법을 잘 터득하면 당신은 더 이상 일방적으로 조언하는 사람이 아니라 힘들 때 함께하는 따뜻한 동행자가 될 것이다. 이 동행 속에서 당신과의 관계는 더욱

깊고 단단해질 것이며, 당신이 힘든 순간에는 당신이 그
랬듯 상대도 당신에게 기꺼이 따뜻한 동행자가 되어줄
것이다.

"말은 쏘아진 화살과 같아
다시 돌아오지 않는다."


— 아랍 고전 격언

$$\boxed{\text{DAY 3}}$$

# 0.5초의 망설임이 자신을 결정한다

한때 나는 자존심이 센 사람이었다. 남들에게 지는 걸 싫어했던 터라, 겉으로는 늘 강한 척하고 아는 척했지만 속으로는 '혹시 내가 틀리면 어떡하지?' 하는 불안으로 가득했다. 이 불안은 내 목을 옥죄는 밧줄 같았고 '실수 하면 안 돼!'라며 다그치는 회초리 같았다.

하지만 그럴수록 내면의 불안은 그대로 말을 통해 나 왔다. 한번은 중요한 대화 도중 부담스러운 질문에 "아마도, 잘할 수 있을 거라고… 생각은 합니다."라며 우유부단한 말투로 대답했다.

그 짧은 0.5초의 '아마도', '생각은 합니다'라는 확신 없는 머뭇거림에 같이 일하는 사람은 내게 이렇게 물었다. "혹시 이 일에 자신이 없으신가요?" 그 말을 듣는 순간 나는 상대가 내 말투에 담긴 '불안'을 읽어냈다는 생각에 큰 수치심을 느꼈다. 그리고 말은 논리를 전달하지만 말투는 나라는 사람의 '이미지'를 보여준다는 것을 깨달았다.

이처럼 말투는 당신이 세상에 보내는 '자신감의 사인(sign)'이다. 이 사인이 흐릿하면 아무리 좋은 내용이라도 신뢰도는 급격히 떨어진다. 사람들은 본능적으로 '자신 없는 말'을 위험 신호로 인식하고 경계심을 갖기 때문이다.

말하는 도중 말꼬리를 흐리거나 '음…', '어…' 같은 간투사를 자주 사용하거나 "~인 거죠?"라며 상대방에게 동의를 구하는 습관이 있다면 이는 스스로가 말하는 내용에 대해 확신하지 못하고 있다는 증거다.

이러한 신호는 청자에게 "나는 이 말에 대한 책임을 회피하고 싶다"라는 암묵적 메시지를 전달한다. 문제는 우리가 이런 신호를 무의식적으로 반복한다는 점이다. 스스로는 예의와 신중함이라고 믿지만 듣는 이에게는 확신 없는 태도로 읽히는 경우가 많다. 대화에서 주도권과 신뢰를 잃는 것은 논리 부족이 아니라 바로 이 0.5초의 망설임이다.

그래서 중요한 건, 말을 할 때 목소리에 '믿음'을 싣는 것이다. 불안한 말투는 당신의 내면과 외면이 불일치하는 상태를 외부에 그대로 노출한다. 말로는 "이건 확실해"라고 말해도 태도는 "나도 잘 모르겠어…"라고 보여지는 것과 같다. 신뢰는 이 불일치 때문에 무너진다. 이 에너지의 충돌을 느끼면 청자는 당신을 신뢰하기 어려운 것이다.

그러니 관계를 더 매끄럽게 만들고 싶다면 무심코 사용한 말투를 점검해볼 필요가 있다. 특히 신뢰할 수 있는 인상을 주는 두 가지 핵심 말투를 익혀보자.

## 습관 1: '0.5초 침묵'으로 불안 잠재우기

말을 시작하기 전, 0.5초만 의식적으로 멈춰보아라. 이 멈춤은 당신의 불안이 발화되는 순간을 인지하고, 그 불안을 제어할 수 있게 도와준다. 그리고 청자에게는 '당신은 충분히 생각을 정리하고 말하는 책임감 있는 사람'이라는 인상을 주며, 이 짧은 침묵만으로도 당신의 말에는 무게감이 실린다.

## 습관 2: 선언적 '종결어미' 사용하기

'~인 것 같습니다', '~인가요?', '~할 수 있을 것 같아요' 같은 우유부단한 종결어미 대신, '~입니다', '~겠습니다', '~해야 합니다'와 같은 선언적인 종결어미를 사용해라. 말의 끝을 맺는다는 것은 그 말에 대해 도망치지 않고 책임지겠다는 뜻이다. 애매한 말투는 협상에서 당신의 발목을 잡고 중요한 결정을 흐리게 만드는 주범이다. 반면 말꼬리를 흐리지 않는 말은 상대에게 당신을 책임감 있는 사람으로 각인시킨다.

이 두 가지 습관만 잘 활용해도 당신의 말에는 힘이 실릴 것이고, 상대방도 당신을 신뢰하며, 당신은 중요한 의사결정에서 우위를 점할 것이다. 이제 망설임을 지우고, 말에 무게를 더하는 연습을 시작하자. 이 작은 습관 하나가 당신의 가치와 신뢰를 높이고, 결국 당신의 커리어와 인간관계를 완전히 새로운 차원으로 이끌어 줄 것이다. 당신의 목소리가 곧 당신의 실력이다.

"당신이 말할 때 자신감이 없다면,
아무도 당신을 믿지 않는다."

— 브라이언 트레이시

$$DAY\ 4$$

# 감정을 솔직하게 표현하는 '나 전달법'

살다 보면 어쩔 수 없이 상대의 말과 행동으로 인해 마음이 상하는 순간이 찾아온다. 나의 부탁이 습관적으로 무시당하거나, 공들여 준비한 결과물을 인정해주지 않을 때, 혹은 함께 사는 이가 배려하지 않고 무신경할 때처럼 말이다.

하지만 우리는 대부분 관계가 틀어지거나 분위기만 어색해질까 봐 솔직하게 자신의 감정을 말하지 못하고

속으로 삭인다. 그리고 겉으로는 '괜찮은 척'하면서 은근
슬쩍 불만을 돌려 말하는 방법을 선택하곤 한다.

나 또한 과거에 소중한 친구를 솔직하지 못한 태도 때
문에 잃은 적이 있다. 친구가 피치 못할 사정으로 약속
을 어겼을 때 나는 이해 대신 불만을 '걱정'으로 포장해
친구에게 이렇게 말했다.

"어쩔 수 없이 나랑 한 약속을 깰 만큼 그 일이 굉장
히 중요했나 보네."

억누른 서운함은 솔직하지 못한 말로 왜곡되어 흘러나
왔다. 겉으로는 친구를 위하는 척 던진 말이었지만 실제
로는 서운함을 비꼬며 표현한 공격이었다. 솔직하게 말할
용기가 부족해 비겁한 방식으로 감정을 표현한 것이다.

이처럼 갈등을 피하려는 소심함과 그 안에 숨겨진 공
격성은 결국 '내 감정에 대한 책임 회피'로 이어진다. 내

가 느낀 불편함을 표현하는 대신 상대방이 알아서 눈치채고 책임져주기를 바라는 것이다.

문제는 내 감정에 대한 책임을 회피하려는 습관이 쌓이면 대화에서 '너'를 중심으로 말하게 된다. "나는 이런 감정을 느껴"라고 말하지 않고 "너는 왜 그래?"라고 말하는 것과 같다.

더 큰 문제는 안 좋은 감정일 경우 상대의 행동이 아닌 상대 자체를 비난하게 된다는 점이다. 예를 들어, "오늘도 늦었네. 넌 늘 남을 배려할 줄 모르는 것 같아."라는 말은 상대를 '배려심 없는 사람'으로 단정 짓고 그 사람의 성격이나 인간성 자체를 문제 삼는다. 또 "저번에도 말했는데 몇 번을 물어보는 거야? 답변하는 사람 피곤한 건 생각도 안 하고 정말 이기적이다."라는 말속에는 상대가 도덕적으로 결함이 있는 사람이라는 암묵적 비난이 담겨 있다.

이처럼 '너(타인)'에게 초점을 맞추고 말하는 건 위험하다. 상대의 '자아'를 정면으로 공격하기 때문이다. 뇌는 공격을 받는 순간 이성적인 판단을 멈추고 '생존 모드'로 전환된다. 그때부터 상대방은 당신의 말을 듣기보다 자신을 변호하거나 역공할 준비를 하게 된다. 그렇게 말이 오가다 보면 결국 대화는 문제 해결을 위함이 아니라 '너와 나'의 소모적인 감정싸움으로 변질되고 더 크게는 관계가 파국으로 치닫게 된다.

이 파국을 막기 위해 필요한 건 대화의 주인공을 '너'가 아닌 '나'로 바꾸는 것이다. 나는 그걸 '나 전달법'이라고 부른다. '나 전달법'은 대화의 주어를 나 자신으로 바꾸어, 내가 느끼는 감정과 생각에 초점을 맞추어 말하는 대화 방식이다.

이 대화의 핵심은 나의 감정을 상대에게 책임 전가하지 않고 '내 감정은 내가 책임진다'라는 마음을 갖고 말하는 것이다. 책임감 있는 자세는 상대방의 마음을 열고, 문제 해결을 위한 협력의 문을 열게 만든다.

'나 전달법 4단계 공식'

이 4단계 공식만 기억하면, 감정적 충돌 없이 의도를 명확하게 전달하고 문제 해결의 주도권을 확보할 수 있다. 예를 들어, 가족 중 누군가 거실에 옷을 벗어 놓았다고 생각해 보자. 이런 사소한 상황에서도 4단계를 적용할 수 있다.

첫째, 행동을 비난 없이 사실만 언급한다. 상대의 방어벽이 올라가지 않도록 순수한 행동만을 말하는 것이다. 예를 들어, "거실 바닥에 옷이 이렇게 있으면…"과 같이 말이다.

둘째, 그로 인해 생기는 구체적인 불편함을 설명한다. 불평이 아닌 그 행동이 나에게 미치는 객관적인 피해를 설명하는 것이다. "거실에 옷이 이렇게 있으면 걸을 때 미

끄러워서 위험해. 지난번에 옷 밟고 거의 넘어질 뻔했어."

셋째, 감정을 솔직하게 표현한다. 나의 감정을 책임지는 모습을 보여줄 차례다. "이걸 볼 때마다 솔직히 마음이 불편하고, 왠지 존중받지 못하는 기분이야."

넷째, 문제 해결을 위한 명확한 요청을 제시한다. "그래서 말인데, 혹시 옷을 세탁기에 넣어줄 수 있을까?"

이 4단계 메시지는 "네가 틀렸어", "상식이 없니?"처럼 상대 자체를 비난하는 게 아닌 "네 행동으로 인해 내 마음이 힘들었고, 그래서 내가 원하는 건 이거야"라는 메시지를 전달한다. 이렇게 말하면 상대는 비난받는다고 느끼지 않고 내 입장을 이해하려 노력하게 된다. 그렇게 되면 서로의 협력 가능성이 자연스럽게 만들어진다. '나 전달법'은 문제를 상대의 본질에서 분리하여 '행동'에 국한시키기 때문에, 상대는 자신을 방어하지 않고도 당신의 요청을 기꺼이 들어줄 수 있게 되는 것이다.

당신의 감정은 당신의 것이다. 그러니 이제 그 감정을 숨기거나 책임 전가하는 대신, '나'라는 주어로 당당하게 말할 수 있는 용기를 갖길 바란다. 말은 단순한 소통 도구가 아니라 갈등을 원만히 해결하도록 돕는 힘을 가지고 있다. 그렇기에 이 작은 변화는 관계를 원만히 유지하도록 도와줄 것이다.

"말은 마음을 열거나 닫는 열쇠다."


— 스티븐 R. 코비

$$\boxed{\text{DAY 5}}$$

# 나만의 언어 온도 설정하기

눈에 보이진 않지만 우리가 사용하는 말투에는 온도가 있다. 그리고 그 온도는 메시지의 내용만큼이나 큰 힘을 가진다. 여기서 말하는 온도는 말이 따뜻하게 느껴지는지, 차갑게 느껴지는지를 뜻한다. 아무리 좋은 내용을 말하더라도 톤앤매너(Tone & Manner)가 맞지 않으면 그 이야기는 순식간에 날카로운 비수가 되거나, 공허한 소음으로 치부되기 쉽다. 따라서 대화를 할 때는 적정 온도를 잘 유지해야 한다. 온도가 너무 차가우면 상대방은 거리감을 느끼고, 너무 뜨거우면 부담을 느끼게 된다. 예를 들어, 직장에서 업무를 빠르게 처리할 때 동료가 말을 걸면 자신도 모르게 딱딱한 말투로 대답하여 오해를 사거나, 반대로 진지하게 의견을 나눠야 할 회의 자리에서 지나치게 가벼운 말투를 사용하여 발언의 무게를 잃는 경험을 해본 적이 있을 것이다. 상황에 맞지 않는 말투는 상대방에게 '이 사람은 감정 기복이 심하거나, 상황을 제대로 판단하지 못하는 사람'이라는 인상을 심어준다. 사람들은 논리적인 메시지보다 말하는 방식과 톤에 더 민감하게 반응하기 때문이다.

이와 달리, 평소 사려 깊고 안정적인 톤을 유지하던 사람이 중요한 순간에는 명료하고 흔들림 없는 톤을 사용하면, 상대는 그 사람의 말에 무게와 확신을 느끼고 경청하게 된다. 그 일관성 속의 유연함이 존중받을 만한 태도라고 느끼기 때문이다. '신뢰할 수 있는 사람'으로 빠르게 인정받는 길은 예측 가능하면서도 상황에 맞게 유연하게 행동하는 것이다.

이처럼 말하는 톤만 바꾸어도 상황은 나에게 유리한 방향으로 흘러갈 수 있다. 그렇기 때문에 우리는 상황에 맞춰 말투를 익히고, 온도를 조절하는 방법을 습득해야 한다. 그렇다면 어떻게 해야 할까? 성공적인 톤앤매너는 '나의 컨디션'과 '상대방의 상황'을 고려하여 가장 적절한 지점을 찾는 데서 시작된다. '지금 내 기분이 편한지 불편한지'와 '이 자리에서 어떤 말투를 써야 할지'를 동시에 생각하여 말하는 것이다. 이것을 동시에 고려할 때 우리는 적절한 온도를 찾을 수 있다. 이는 균형을 맞추는 정교한 기술이며, 그 균형은 두 가지를 통해 완성된다. 바로 '따뜻함'과 '단호함'의 황금 비율을 찾고 적절히 섞는 것이다. 당신의 언어 온도는 이 두 가지를 얼마나 효과적으로 조합하느냐에 따라 결정된다. 이 두 축은 대화의 성공을 위해 필수적이며, 어느 하나라도 빠지면 균형을 잃게 된다.

**1. 따뜻함:** 공감, 친밀감, 수용, 안정감을 전달하며 관계의 문을 부드럽게 연다 (톤: 부드러운 목소리, 속도: 느리거

나 적당함, 볼륨: 낮음).

**2. 단호함:** 신뢰, 전문성, 결정력, 경계를 설정하며 당신의 주도권을 지킨다 (톤: 낮고 일정한 톤, 속도: 일정함, 볼륨: 적당함).

주의할 점은, 따뜻함만 강조하면 '쉽게 이용당하거나 부탁을 거절 못 하는 사람'으로 보여 관계의 주도권을 잃기 쉽고, 단호함만 강조하면 '냉정하고 다가가기 힘든 사람'이 되어 자신도 모르게 사람들을 밀어낼 수 있다는 점이다. 온도가 지나치게 한쪽으로 치우치면 장기적인 관계에 큰 걸림돌이 된다.

이러한 문제점을 극복하기 위해서는 둘의 균형을 잘 맞추어야 한다. 예를 들어, 회사에서 동료가 열심히 준비한 것이 채택되지 않아 낙담하고 있다면 이렇게 말할 수 있을 것이다. "〇〇님, 지금 상황이 정말 힘드시겠지만(따뜻함), 이 결정이 장기적으로 우리 팀에게 최선이라고 판단합니다(단호함). 마음이 무겁겠지만, 이후의 후속 조치를 함께 논의해 봅시다(따뜻함)."처럼 말하여 상대방의 감정을 배려하되, 내 결정에 대한 책임을 명확히 보여주어야 한다.

'따뜻함'과 '단호함'의 황금 비율을 효과적으로 적용하기 위해서는 많은 훈련이 필요하다. 다양한 사람들과 소통을 잘하는 사람은 하나의 톤을 고집하는 대신 대화의 목적과 상대의 필요에 따라 말투의 온도를 미세하게 조절하는 유연성을 가진 사람이다.

언어 온도를 조절하는 방법은 단순히 눈으로 읽고 머리로 외운다고 되지 않는다. 실제 여러 상황에서 자주 연습해야만 체득할 수 있다. 그러니 이제부터 실제 상황에서 다양한 톤과 속도를 시도하여, 당신만의 '언어 온도'를 설정하자. 당신의 언어 온도는 당신의 전문성과 태도를 대변하는 명함과 같다. 주변 사람들에게 신뢰와 예측 가능한 사람이라는 인상을 주어 믿을 만한 사람으로 보여지길 바란다.

"상황에 따라 말을 바꿀 줄 아는 사람만이
진정한 대화의 주인공이다."


— 아리스토텔레스

## DAY 6

# '피해자 화법'은 피해라

"세상은 나를 싫어해. 나만 이렇게 불행해"라며 부정
적인 언어 습관을 사용하는 사람들이 있다. 이들은 세
상을 극단적이고 비관적으로 바라보며, 세상에 존재하
는 불행이 마치 자신에게만 집중되는 것처럼 살아간다.
객관적으로 불행하다고 볼 수 없는 사소한 일조차 확대
해석하여 자신을 비극적인 서사에 끼워 맞추고, 비련의
주인공처럼 세상과 주변 사람들을 불편한 시선으로 바
라본다.

이러한 '피해자 화법'은 듣는 사람에게 심각한 위험 요소로 작용한다. 가장 위험한 것은, 부정적인 에너지는 큰 전염성을 가졌다는 것이다. 처음에는 불행이 오직 자신의 문제라고 말하지만, 시간이 지날수록 그 화살은 친구, 직장 동료, 가족 등 주변 사람들에게 향한다. 그들은 일이 잘못되면 "이렇게 된 건 다 너 때문이야", "네가 그때 말리지 않아서 이런 일이 생긴 거야"라며 현재 상황에 대한 책임을 주변 사람들에게 전가하고 듣는 사람을 힘들게 만든다.

피해자 화법을 쓰는 사람들의 가장 치명적인 약점은 불행의 원인만 탓할 뿐, 그 불행에서 벗어나려고 노력하지 않는다는 점이다. 모든 일에는 원인이 있으면 결과가 따르기 때문에 문제에 직면하면 해결하려는 노력이 뒤따라야 한다. 그러나 이들은 불행이라는 '상황' 자체에 안주하며, 그 상황을 드라마틱하게 연출하는 것을 통해 주변의 관심과 동정을 얻으려고 한다. 문제 해결보다는 '비련의 역할'을 유지하는 것이 그들에게 더 큰 심리적

이득이 되는 것이다. 살다 보면 운이 안 좋을 수도 있고, 갑자기 예기치 못한 불행이 찾아와서 어려움을 겪을 수도 있다. 하지만 그것을 해결하려는 마음가짐과 실천 능력이 있느냐 없느냐에 따라 삶은 극명하게 달라진다.

고등학교 시절에 정말 운이 없는 친구가 있었다. 다른 사람보다 유독 그 친구에게만 자주 안 좋은 일들이 생겼는데, 친구는 그런 일을 겪을 때마다 심한 욕을 하거나 깊은 한숨을 내쉬면서 세상과 주변 환경을 원망하고 탓했다. 그런 친구의 모습을 보면서 처음에는 '어떻게 저렇게까지 운이 없을까?' 하고 동정했지만, 알고 보니 친구가 운이 없는 게 아닌 본인의 말투와 태도가 스스로 불운을 불러일으킨다는 걸 알게 되었다. 친구는 안 좋은 일이 찾아왔을 때 벗어나려고 노력하기보다는, 불행을 되씹으며 주변 사람들에게 자신의 부정적인 에너지를 바이러스처럼 퍼트리고 다녔다. 극복할 의지는 전혀 없고 일어난 일에 대해서 한탄만 하니, 도와주려고 노력했던 사람들은 그 친구에게 에너지만 뺏기고 결국 등을 돌리게 되었다.

인생을 잘 살고 싶다면 세상을 한탄만 할 게 아니라, 자신의 언어 습관과 태도를 근본적으로 바꿔야 한다. 세상에 '운이 없는 사람'은 없다. 운은 자신이 말하고 행동하는 방식, 즉 선택을 통해 만들어 가는 것이다. 나에게 아무리 안 좋은 일이 일어나더라도 '이 일이 나에게 준 교훈은 무엇일까?', '이 일 뒤엔 더 좋은 날이 오겠지!'라는 긍정적인 말투와 성장 지향적 사고방식을 지향하면, 분명 그 상황을 극복할 실마리와 좋은 일은 찾아오게 되어 있다. 안 좋은 일이 일어날 때마다 투덜대고, 원망하고, 화를 낸다면, 그 부정적인 기운은 계속 내 곁에 맴돌 것이며, 결국 그 에너지는 주변 사람들에게까지 퍼져 많은 관계를 파괴하고, 안 좋은 일만 일어나는 악순환을 반복하게 된다.

또 인생은 좋은 일만 일어나지 않는데, 좋은 상황일 때만 긍정성을 유지하는 건 행복을 상황에 맡기는 행위다. 그러나 어떤 상황이든 긍정성을 유지하는 사람은, 행복을 주도적으로 확보하는 사람이다.

그러므로 지금껏 '왜 나에게만 이런 일이 일어날까?'라는 자기 연민적이고 부정적인 피해자 화법을 사용했다면, 오늘부터 그 말투를 단호하게 버리자. '인생을 살다 보면 이런저런 일이 일어날 수도 있지. 하지만 나는 절대 포기하지 않는다!'라는 유연하고 주도적인 마음으로 세상을 바라보자. 문제에 대한 책임을 회피하지 않고 긍정적인 언어로 해결책을 찾을 때, 당신은 어떤 장애물도 뛰어넘을 수 있는 용기를 갖게 된다.

"행복은 상황에서 오는 것이 아니라,
당신이 상황에 대응하는 방식에서 온다."


— 에픽테토스

## DAY 7

# 관계를 더 깊게 만드는 한마디
# '당신 덕분에'

 

 

사람들과의 관계를 지금보다 더 부드럽게 만드는 방법은 무엇이 있을까? 상대방과 끈끈한 관계를 형성하기 위해서는 먼저 그들이 당신에게 얼마나 중요한 존재인지를 알려주어야 한다.

우리는 습관처럼 "잘했어요", "고마워요", "대단하네요" 같은 말을 누구에게나 쉽게 건넨다. 물론 진심이 담긴 말이지만, 듣는 사람 입장에서는 조금 아쉬울 때도 있다. 왜냐하면 그런 말들은 너무 흔하고, 내 노력의 어떤 부분이 좋았는지를 정확히 짚어주지 못하기 때문이다.

많은 사람들은 막연한 칭찬이 아니라 자신의 구체적인 행동이나 노력이 어떤 긍정적인 결과를 가져왔는지를 더 인정받고 싶어 한다. 그럴 때 필요한 말이 '당신 덕분에'이다. '당신 덕분에'라는 말은 단순히 감사를 표하는 것을 넘어 상대의 행동이 내게 어떤 도움으로 돌아왔는지를 명확하게 연결해 준다.

예를 들어, 동료가 밤늦게까지 고생하면서 자료를 정리해 줬을 때 그냥 "도와줘서 고마워요"라고 말하는 것과 "어제 감사했어요. 밤늦게까지 자료 정리해 주신 덕분에 시간을 많이 벌었고, 분석도 여유 있게 할 수 있었어요."라고 말하는 것은, 둘 다 고마움을 표하는 것이지만 분명한 차이가 있다.

후자는 상대방의 노고를 인정하고, 그것이 당신의 구체적인 성과에 어떤 기여를 했는지 명확히 보여준다. 그리고 상대방은 자신의 노력이 얼마나 가치 있는 일이었는지 깨닫게 된다. 또 회의를 효율적으로 이끌어준 사람에게 "회의를 정말 잘 이끄시네요"라는 말 대신 "오늘 정말 감사합니다. 미리 모두의 의견을 잘 정리해 주셔서, 회의가 30분 만에 끝난 것 같아요. 덕분에 효율적이었어요."라고 말한다면, 상대방의 리더십은 '시간 절약'이라는 눈에 보이는 결과와 연결되어 빛을 발할 것이다.

이렇게 '당신 덕분에'라는 말은 막연한 칭찬을 구체적인 인정으로 바꿔준다. 하지만 이 말이 진짜 힘을 가지려면 아무 때나 던져서는 안 된다. 어떤 지점을 짚느냐에 따라 그 말은 가벼운 감사가 될 수도 있고, 관계를 깊게 만드는 인정의 언어가 될 수도 있다. 그래서 '당신 덕분에'라는 말을 제대로 쓰기 위해서는 몇 가지 기준을 알고 사용하는 것이 좋다.

1. **'결과'를 인정하기**: 상대방의 행동과 실제 성과를 연결 짓는 것이다. "당신이 클라이언트랑 길게 이야기해주신 덕분에 중요한 계약을 따낼 수 있었습니다."처럼 상대방이 기여한 구체적인 성과를 말해주면, 상대방은 자신이 해냈다는 큰 만족감과 기쁨을 얻을 것이다.

2. **결과가 좋지 않았더라도 상대의 '노력' 인정하기**: "결과는 아쉽지만 당신이 주말까지 반납하고 열심히 준비해 준 덕분에 저희가 이 과정에서 많은 것을 배울 수 있었어요. 마음 써 주셔서 정말 감사합니다."라고 말하면, 상대방은 실패에도 불구하고 마음을 다잡을 용기를 얻게 된다.

3. **상대방의 '존재 자체'가 주는 긍정적인 영향을 표현하기**: "당신이 우리 팀에 있는 덕분에 새로운 도전 앞에서도 망설이지 않게 돼요. 긍정적인 에너지가 늘 제게 큰 힘이 됩니다."라고 말하면 상대방에게 깊은 안정감과 소속감을 선물할 수 있다.

'당신 덕분에'라는 문장은 마음을 여는 열쇠일 뿐만 아니라, 상대와 나의 관계를 더욱 가깝고 밀접하게 만드는 강력한 도구이다. 그러니 누군가에게 긍정적인 영향을 받았다면 감사한 마음을 구체적으로 표현해보자. 소중한 사람들에게 하루에 한 번이라도 진정성 있는 마음을 전한다면, 그 사람은 '당신 덕분에' 행복한 미소를 지을 것이다. 그리고 그 관계는 '당신 덕분에' 더 두텁고 끈끈해질 것이다.

"인간관계에서 가장 강력한 감정은
인정받았다는 느낌이다."


— 데일 카네기

DAY 8

# 상대방을 이해하는 '역지사지' 말투

우리는 종종 가깝지 않은 사람보다 가까운 사람에게 말을 할 때 오히려 더 무심할 때가 있다. "우리가 얼마나 가까운 사이인데"라는 친밀함이 도리어 상대를 향한 '이해와 배려'를 무디게 만드는 것이다.

하지만 이건 잘못된 대화 방식이다. 충분히 상대방의 입장에서 생각하지 않고 말하는 대화 방식은 상대방을 아프고 힘들게 만든다. 그래서 필요한 것이 역지사지(易

地思之) 화법이다. 역지사지 화법은 단순히 상대를 이해하는 척 말하는 게 아니라, 마음속에 숨겨진 어려움이나 고민을 찾아내어 말하는 것이다.

그렇다면 역지사지 화법은 실제 대화에서 어떻게 구현될 수 있을까? 막연히 상대를 이해하려 애쓴다고 해서 말투가 저절로 바뀌지 않는다. 역지사지 화법에는 분명한 원칙이 있다. 하나는 상대의 감정에 곧바로 올라타기보다 그 감정을 건너갈 수 있는 '징검다리'를 먼저 놓는 것이고, 다른 하나는 내 기준에서 문제를 재단하며 섣불리 해답을 건네지 않는 것이다. 이 두 가지를 의식하는 순간, 같은 상황에서도 말의 결은 완전히 달라진다. 지금부터 이 두 가지를 구체적인 예시를 통해 살펴보자.

## 1. 감정의 징검다리 놓기

오래전부터 약속했던 계획이 갑작스러운 친구의 취소 통보로 물거품이 되었다고 상상해 보자. 기대가 컸던 만큼 당신의 실망감도 당연히 클 것이다. 이때, 자신의 감정을 여과 없이 표출하면 관계는 마찰만 겪는다.

**일반적인 말투:** "야, 너 지금 장난해? 내가 이거 때문에 다른 약속 다 미뤘는데 너무 이기적인 거 아니야? 취소하려면 좀 더 일찍 말했어야지!" (→ 상대의 상황보다 나의 피해를 먼저 앞세우는 비난이 섞인 언어)

**역지사지 말투:** "혹시 무슨 일 있어? 네가 약속을 급하게 취소할 정도면 분명 급한 사정이 생겼을 것 같은데 괜찮은 거 맞지? 혹시 내가 도울 일은 없을까?" (→ 상대의 상황을 이해하고 배려가 담긴 언어)

이 두 반응의 차이는 '감정의 징검다리'를 놓았는지 여부다. 역지사지 화법은 약속 취소라는 '결과' 대신, 취소를 결심하기까지 친구가 겪었을 '내적 갈등과 어려움'에 초점을 맞춘다. 당신이 자신의 불편함보다 친구의 어려움을 먼저 봐주는 순간, 친구는 죄책감과 동시에 깊은 안도감을 느끼며 취소할 수밖에 없었던 진정한 이유를 솔직하게 털어놓게 된다.

## 2. 섣부른 조언 피하기

친구가 직장이나 연애 문제로 힘든 고민을 털어놓을 때 우리는 종종 해결사 역할을 자처하며 섣부른 조언을 할 때가 있다. 그러나 듣는 사람은 그 말이 '무시'나 '판단'으로 느껴질 수 있기 때문에 웬만하면 조언은 피해야 한다.

**일반적인 말투:** "네가 너무 끌려다니니까 그렇지. 내가 그 사람은 별로라고 했잖아. 그냥 빨리 정리하고 너한테 집중하는 게 현명한 선택인 것 같아." (→ 친구의 경험을 '단순히 잘못된 선택'으로 치부하고 일방적인 해법을 제시하는 판단의 언어)

**역지사지 말투:** "그 상황에서 네가 얼마나 마음이 힘들었을지 상상이 가. 그만큼 네가 그 관계에 진심이었다

는 뜻이겠지. 그런 복잡한 감정에도 어떻게든 관계를 지켜보려고 애쓴 게 대단해. 혹시 지금 네가 가장 힘들다고 느끼는 감정은 어떤 거야?" (→ 고민하는 친구의 노력과 진심을 인정하고 스스로 감정을 살필 수 있게 돕는 '수용'의 언어)

현명한 대화 방식은 친구가 '스스로 잘못했다'라고 자책하는 부분을 찾아내어 '그건 네가 진심이었기 때문'이라고 재정의하게 해주는 것이다. 단순히 "관계를 정리하라"고 지시하면 감정만 상하지만, 친구가 현재 느끼는 감정의 본질을 스스로 파악하도록 돕는다면, 친구의 마음도 치유되고 관계도 더 가까워진다.

이처럼 역지사지 화법은 상대방에게 '나는 네 상황을 겉으로만 보지 않고, 네가 내릴 수밖에 없었던 최선의 선택과 그 이면에 담긴 노력을 존중한다'라는 메시지를 전달한다.

우리는 모두 자신의 자리에서 최선을 다하며 살아간

다. 그러나 때로는 실수하거나 예상치 못한 어려움에 부 딪치기도 한다. 이럴 때 필요한 것은 날카로운 지적이나 섣부른 해결책이 아니라 '네가 최선을 다했다는 것을 나 는 알고 있다'라는 단 하나의 깊은 공감이다.

　진정한 역지사지란 상대방의 입장에 서는 것을 넘어 그들의 시야로 세상을 바라보고 그들이 짊어진 무게와 노력을 진심으로 인정해 주는 것이다. 당신의 따뜻한 시 선과 작은 한마디가 상대방에게 깊은 위안과 다시 일어 설 용기를 준다. 이것은 관계를 단순히 유지하는 것을 넘어, 서로의 신뢰를 더 깊게 만드는 가장 확실한 대화 법이다.

"다른 사람의 입장에서 생각하는 법을 배워라.
그것이 인생에서 가장 중요한 인간관계 기술이다."


— 다라이 라마

DAY 9

# 모르면 손해 보는 텍스트 소통의 기술

요즘 현대인이 나누는 대화의 절반 이상은 음성이 아니라 텍스트다. 메신저 앱, 이메일, 문자 메시지처럼 텍스트 기반의 소통이 일상이 되면서 우리의 '말투'는 이제 입술이 아닌 손끝에서 만들어지고 있다. 문제는 온라인에서는 표정, 목소리의 높낮이, 제스처 같은 보조 신호가 모두 사라진다는 점이다. 그 결과, 단 하나의 오탈자나 마침표 처리만으로도 상대방이 우리의 의도와 감정을 전혀 다르게 받아들이는 일이 생긴다. 이처럼 텍스트는 단순한 정보 전달 수단을 넘어 관계의 안정성을 좌우하는 민감한 소통 방식이 되었다.

말과 텍스트의 차이는 생각보다 크다. 말로 대화할 때는 상대의 눈빛을 보며 "혹시 괜찮으시다면…"이라고 조심스럽게 운을 떼는 방식이 예의로 받아들여질 수 있다. 하지만 '혹시'라는 표현을 텍스트로 옮기는 순간 핵심을 흐리고 자신 없어 보이는 인상을 주기 쉽다.

예를 들어, 동료에게 업무를 요청할 때, "혹시 오늘 오후 4시까지 관련 자료 정리해 주실 수 있으실까요?"와 "관련 자료를 오늘 오후 4시까지 정리 부탁드립니다."는 전달력에서 큰 차이가 난다. 첫 번째 문장은 요청이라기보다 허락을 구하는 듯한 느낌을 주며 결정권을 상대에게 넘긴다. 반면, 두 번째 문장은 정중하면서도 기한과 요청 사항이 분명하다. 중요한 것은 정중함이 주저함으로 변질되지 않아야 한다는 점이다. 정중함은 태도에서 나오지만, 명확함은 단어 선택에서 나온다. 텍스트에서는 불필요한 의문형보다 "확인 후 답장 부탁드립니다", "내일까지 완료하여 전달하겠습니다"처럼 확정적인 문장이 신뢰를 만든다.

명확한 문장만큼 중요한 것이 기호 사용이다. 특히 디지털 환경에서 가장 많은 오해를 낳는 기호는 '마침표(.)'다. 말로 "네"라고 대답할 때는 아무 문제가 없지만, 채팅에서 "네."라고 보내는 순간 대화가 끊긴 듯한 인상을 주거나 차갑게 느껴질 수 있다. 상황에 따라서는 불만이나 짜증으로 해석되기도 한다. 특히 윗사람이나 연장자에게 짧은 긍정의 답을 보낼 때 마침표는 '여기서 대화를 끝내겠다'라는 무언의 신호처럼 받아들여지기 쉽다.

언어학자이자 커뮤니케이션 전문가인 데보라 태넌(Deborah Tannen)은 이를 텍스트 소통의 '비인격성' 문제로 설명한다. 말로는 자연스럽게 전달되던 친밀감이 텍스트로 옮겨오며 사라지고, 그 빈자리를 마침표 같은 기호가 감정적으로 채우게 된다는 것이다. 그래서 친밀한 관계나 협업 상황에서는 짧은 긍정 답변 뒤에 마침표를 굳이 찍지 않거나, 가벼운 이모티콘으로 온도를 조절하는 것이 도움이 된다. 반대로 문단이 길거나 공식적인 보고서, 이메일 본문에서는 마침표를 사용하는 편이 안전하다.

비즈니스 이메일처럼 형식적인 텍스트 소통에서는 또 다른 주의가 필요하다. 실수를 줄이려는 마음에 과도하게 공손한 표현을 쓰다 보면 메시지가 불필요하게 길어지는 경우가 많다. "죄송하지만, 혹시 염치 불구하고 부탁 하나만 드려도 괜찮을지 여쭤보고자 연락드립니다…" 같은 문장은 읽는 사람의 시간을 먼저 소모시킨다.

성공적인 비즈니스 텍스트 소통의 핵심은 단순하다. 가장 중요한 내용이 스크롤 없이 바로 보이게 만드는 것이다. 이메일 제목에 용건을 분명히 밝히고, 본문 첫 문장에서는 서두 없이 기대하는 행동을 명확히 제시하는 편이 낫다. 예를 들어, "다음 주 회의 일정 조율 요청드립니다"라고 제목을 쓰고, 본문 첫 줄에 "OO 프로젝트 관련하여 다음 주 중 30분 미팅을 요청드립니다. 참석 가능한 요일을 공유해 주시면 감사하겠습니다."라고 적는 방식이다. 그다음에 배경 설명을 덧붙이면 된다. 이런 구조 자체가 상대의 시간을 존중하고 있다는 신호가 된다.

텍스트 소통에서 말투를 완성하는 마지막 요소는 '존중의 여백'이다. 이는 답장을 재촉하거나 메시지를 읽었는지 확인하는 행동을 삼가는 태도를 말한다. 메신저에서 상대가 바로 답하지 않는다고 해서 곧바로 '읽씹'으로 받아들일 필요는 없다. 상대가 다른 일을 하고 있을 가능성도 충분히 있기 때문이다. 텍스트를 보낸 뒤 기다리는 시간 역시 상대의 사적인 시간으로 존중해야 한다. 연구에 따르면 응답 지연을 받아들이는 태도는 관계의 신뢰도를 높이는 데 긍정적으로 작용한다고 한다. 음성 대화에서 상대의 말할 차례를 기다려주듯, 디지털 대화에서도 답장을 기다리는 침묵은 하나의 말투다. 정말 급한 상황이라면 메시지를 반복해서 보내기보다 "지금 잠시 통화 가능하실까요?"처럼 매체를 전환해 정중하게 요청하는 편이 훨씬 효율적이다.

우리가 사용하는 단어와 기호 하나하나에는 우리의 태도와 관계 인식이 그대로 드러난다. 작은 차이 하나가 오해를 만들기도 하고 신뢰를 쌓기도 한다. 텍스트로 소통이 잦은 시대일수록 말투를 더 의식적으로 관리해야 한다. 불필요한 주저함은 덜어내고 명확함과 존중을 동시에 담아낼 때, 텍스트는 단순한 전달 수단을 넘어 신뢰를 쌓는 도구가 된다.

"글은 말보다 오래 살아남는다."


— 조지프 줄리어드

DAY 10

# 딱딱한 지시어를
# 부드러운 요청으로 바꿔라

급한 상황을 처리하다 보면 나도 모르게 말이 짧아질 때가 있다. "이거 해", "빨리 보내", "지금 당장 필요해" 효율을 위해 무심코 내뱉는 지시어들은 순간적으로는 빠르게 일을 진행시키는 것처럼 보인다. 하지만 장기적으로 보면 관계와 신뢰를 갉아먹는 아주 치명적인 말투다.

그 이유는 단순하다. 사람은 본능적으로 강요당하는

상황에 거부감을 느끼기 때문이다. 심지어 자신의 역할과 책임 범위 안에 있는 일이라 하더라도 명령조의 지시를 받는 순간 마음이 닫히게 된다. 그리고 일의 능률은 떨어지고 부정적인 감정은 조금씩 쌓이기 시작한다.

결국 문제는 '무엇을 시키느냐'가 아니라 '어떻게 말하느냐'다. 무엇을 지시할 때 상대방의 마음을 상하게 하지 않으면서도 자발적으로 움직이게 만드는 방법은, 부드러운 요청의 말투를 사용하는 것이다. 이 말투는 상대를 낮추지 않으면서도 요청을 협력의 과정으로 바꾸는 가장 효과적인 대화법이다.

### 1. '~해 주실 수 있을까요?'

딱딱한 지시어의 가장 큰 문제는 요청 뒤에 상대방의 상황을 고려할 여지가 전혀 없다는 점이다. 이 문제는 문장의 어미만 바꿔도 상당 부분 해결된다.

### 〈딱딱한 지시〉

"내일까지 기획서 초안 제출해 주세요."

### 〈부드러운 요청〉

"혹시 기획서 초안을 내일 오후 3시까지 전달해 주실 수 있을까요?"

'~해 주실 수 있을까요?'라는 표현은 상대방에게 지금 상황상 어렵다면 거절해도 괜찮다는 무언의 여지를 남긴다. 이 작은 여지가 상대의 자율성을 지켜주고 요청을 '명령'이 아니라 '선택'으로 느끼게 만든다. 그 순간 상대는 억지로 움직이는 사람이 아니라 스스로 결정해 협력하는 사람이 된다.

## 2. 충분한 이유를 설명하기

말투만 부드럽다고 해서 모든 요청이 잘 받아들여지는 건 아니다. 진짜 효과적인 요청은 '이유가 있는 요청'이다. 이유 없는 지시는 권위를 남용하는 것처럼 느껴지지만, 이유 있는 요청은 함께 해결해야 할 문제로 인식된다.

### 〈단순 지시〉

"자료 정리가 급하니 지금 바로 처리해 주세요."

## 〈협력 요청〉

"내일 회의에서 팀 전체가 자료를 공유해야 해서요. 혹시 괜찮으시면 오늘 이 부분을 정리해 주실 수 있을까요? 그러면 회의에서 바로 논의할 수 있을 것 같습니다."

이렇게 말하면 상대방은 단순히 귀찮은 일을 떠맡는 게 아니라, 팀의 중요한 목표에 기여하고 있다는 감각을 갖게 된다. 요청을 들어주는 행동 자체가 자신의 역할과 가치로 연결되는 것이다.

## 3. 쿠션어 사용하기

가장 배려 깊은 요청은 상대의 상황을 먼저 고려하는 말로 시작된다. 그래서 "혹시 괜찮으시면", "지금 바쁘지 않으시면", "시간이 되시면" 같은 쿠션어가 필요하다. 이 말들은 상대에게 부담을 주지 않기 위한 감정적 안전장치다. 당신의 상황을 알고, 존중하고 있다는 신호를 먼저 보내는 것이다.

### 〈배려가 담긴 요청〉

"오늘 오전에 다른 업무로 많이 바쁘셨을 텐데, 혹시 괜찮으시면 제가 작성한 보고서 초안을 점심시간 전에 잠깐만 검토해 주실 수 있을까요?"

이렇게 말하면 상대는 거절할 자유를 느끼는 동시에, 요청을 들어줌으로써 관계에 긍정적인 영향을 주고 있다는 만족감을 함께 느낀다.

딱딱한 지시는 잠깐의 속도를 얻을 수는 있지만, 그 대가로 관계에 미세한 균열을 만든다. 반대로 배려가 담긴 요청은 상대를 명령의 대상이 아닌 동등한 파트너로 대한다는 메시지를 전한다.

사람들은 종종 부드럽게 말하는 방식을 약함으로 오해한다. 단호하지 않으면 주도권을 잃을 것 같고, 때로는 필요 이상으로 날을 세우기도 한다.

그러나 부드러운 요청은 약함이 아니라, 업무를 가장 효율적으로 이끌어내는 효과적인 소통 방식이다. 부드러운 요청은 속도는 조금 느릴지 몰라도, 불필요한 감정

소모를 줄이고, 협업의 리듬을 유지하게 한다. 반면 강한 요구는, 즉각적인 반응을 끌어낼 수는 있지만 지속성을 담보하지는 못한다. 정체되어 있던 상황이 일시적으로는 앞으로 나아가는 것처럼 보이지만, 그 반응이 자발적인 참여인지 불편함을 참고 견뎌낸 결과인지는 구분할 필요가 있다. 전자는 지속될 수 있지만, 후자는 오래가지 못한다.

그래서 당신의 말 한마디는 자발성과 열정을 이끌어낼 수도 있고, 반대로 마음의 문을 닫게 할 수도 있다. 말을 잘한다는 것은, 단순히 표현을 다듬는 문제를 넘어 관계를 관리하는 방식이다.

성과를 내고 싶다면 관계를 먼저 살펴라. 일이 망가지는 순간은 대개 능력이 부족해서가 아니라 관계가 어그러졌을 때 찾아온다. 부드러운 요청 방식은 일을 지속 가능하게 만드는 가장 효과적인 대화법이다.

"말은 인간이 사용하는 가장 강력한 약이다."


— 러디어드 키플링

$$\boxed{\text{DAY 11}}$$

# 타인의 말에 휘둘리지 않는 멘탈 관리법

우리는 생각보다 쉽게 타인의 말에 흔들린다. 상사의 한마디, 가족의 잔소리, 얼굴도 모르는 사람의 댓글 하나가 하루의 기분을 망쳐버린다. 말은 지나갔는데 상처 입은 마음은 오래 남는다. 그러한 이유는 단순하다. 우리는 종종 타인의 평가를 '사실'이 아닌 '나의 정체성'으로 받아들이기 때문이다.

인지 심리학의 대가 아론 벡(Aaron T. Beck)은 이를 '개인화'라는 개념으로 설명했다. 개인화란 외부에서 일어난 부정적인 사건이나 타인의 말을 하나의 객관적인 사실로 받아들이지 못하고, 곧바로 '나 자신'과 연결시키는 사고 습관을 말한다. 개인화가 작동하는 순간 말의 영향력은 과도하게 커진다. 그 말이 얼마나 정확한지, 어떤 맥락에서 나왔는지는 중요하지 않다. 사실 여부를 따지기도 전에 이미 그 말을 '나에 대한 정의'로 받아들였기 때문이다. 이 습관을 인지하지 못하면 상대의 말에 휘둘리기 시작한다. 타인의 말에 정체성을 맡기게 되고, 더 나아가 삶의 방향마저 타인에게 맡기게 된다.

그래서 타인의 말에 휘둘리지 않기 위한 첫 번째 원칙은, '과장'은 제거하고 '사실'만 남기는 것이다. 누군가 "너는 항상 일을 늦게 해"라고 말했을 때, 그 말을 그대로 받아들이는 순간 비난은 '인격 전체'를 향한다. 나는 성실하지 않은 사람이고, 책임감이 없는 사람이며, 늘 문제를 일으키는 사람이라는 결론까지 빠르게 이어진다. 하지만 '항상'이라는 표현을 떼어내고 보면, 남는 것은 전혀 다른 장면이다. 특정한 한두 번의 상황, 그리고 그로 인해 상대가 느낀 불편함뿐이다. 사실과 평가를 분리하는 것만으로도 부정적 영향력은 크게 줄어든다.

두 번째 원칙은, 말의 출처를 확인하는 것이다. 겉으로는 나를 향한 말처럼 보여도 그 말의 상당 부분은 '나 자체'보다 '상대의 불안' 혹은 '충족되지 않은 욕구'에서 나오는 경우가 많다. 예를 들어, 친구가 "너는 너무 진지해"라고 말했을 때 이를 곧바로 "나는 재미없는 사람이다"라고 해석할 필요는 없다. 그 말은 '지금 이 친구는 조금 더 가벼운 분위기를 원하고 있다'라는 신호일 수 있기 때문이다. 그 말이 '나에 대한 평가'인지 '상대의 감정 표현'인지를 구분하는 순간 비난은 더 이상 나의 정체성을 흔들지 못한다.

마지막으로 가장 중요한 것은, 영역을 명확히 구분하는 것이다. 타인의 기분, 말투, 평가는 내가 통제할 수 없는 영역이다. 반면에 나의 선택과 기준, 현재의 노력은 내가 책임질 수 있는 영역이다. 타인의 말에 흔들리지 않는 사람들은 감정이 없는 것이 아니라, 책임져야 할 영역과 그렇지 않은 영역을 구분하는 것에 익숙한 사람들이다. 이 구분이 흐려질수록 우리는 불필요한 죄책감과 과도한 자기검열에 빠지게 된다. 상대의 불쾌함을 나의 실패로 해석하고, 나의 부족함으로 받아들이기 때문이다.

타인으로 인해 멘탈이 흔들릴 때 이 경계를 분명히 그 어야 한다. 외부의 말이 들어올 때 곧바로 반응하기보다 는, 잠시 멈춰 묻는 것이다. 이 말은 내가 바꿀 수 있는 영역에 속하는가, 아니면 그렇지 않은가.

이 영역을 지켜내면 우리는 타인의 말 앞에서도 최소 한의 중심을 유지할 수 있다. 타인의 말에 휘둘리지 않는 다는 것은 둔감해지는 것이 아니다. 모든 말을 다 받아 들이지 않겠다는 선택이다. 이 '언어 방패'는 타인을 밀어 내기 위한 무기가 아니라, 나를 보호하고 내 삶의 주도권 을 지키기 위한 가장 기본적인 멘탈 관리 기술이다. 이 방패를 갖게 되는 순간, 당신은 더 이상 타인의 말로 자 신을 규정하지 않게 될 것이다.

"다른 사람의 말에 흔들리지 않는 것이
곧 자유다."


— 에픽테토스

DAY 12

# 자신감 있는 말투 VS 자만으로 보이는 말투

살면서 자신의 능력을 어필하는 것은 분명 중요하다. 그러나, 그 능력을 어떻게 표현하느냐에 따라 사람들의 반응은 완전히 달라진다. 같은 실력을 갖추고도 누군가는 믿음직한 파트너로 기억되고, 누군가는 다가가기 어려운 독불장군으로 기억된다.

이처럼 사람의 이미지를 결정짓는 건 능력보다 말투에서 갈린다. 자신감이 있어 보이는 말투는 내면의 안정

감에서 나온다. 그래서 타인을 밀어내지 않고 품을 수 있다. 반면 자만으로 보이는 말투는 불안을 감추기 위한 과잉 표현에서 비롯된다. 자신의 가치를 증명하려다 보니 말은 점점 커지고 대화는 서서히 일방적으로 기울어진다. 이 차이는 대화에 임하는 태도에서 가장 분명하게 드러난다. 그중에서도 핵심은 상대의 말을 어떻게 대하느냐, 즉 '경청'의 태도다.

자신감 있는 사람은 자신의 의견만큼 타인의 의견도 중요하게 여긴다. 자신이 모든 것을 알고 있다고 믿지 않기 때문에, 상대의 말에서 새로운 정보와 관점을 기대한다. 그래서 말을 끝까지 듣는 여유가 있다. 반면 자만하는 사람은 대화 중에도 다음에 할 말을 준비하느라 상대의 말을 끊거나 흘려듣는다. 이 경우 대화는 소통이 아니라 일방적인 발표가 되고, 상대는 자연스럽게 마음을 닫게 된다.

자신감과 자만을 가르는 또 하나의 기준은 언어 선택

이다. 자만하는 사람은 단정적이고 절대적인 언어를 즐겨 쓴다. "제가 해봐서 아는데 무조건 이 방법이 맞습니다." 이 말투는 자신의 경험을 강조하는 것처럼 보이지만, 동시에 다른 가능성을 차단한다. 대화의 문을 완전히 닫아버리는 표현이다.

반면 자신감 있는 사람은 포용적인 언어를 사용한다. "제 경험과 상황을 고려했을 때, 이 방법이 도움이 될 가능성이 커 보입니다." 이 말에는 중요한 차이가 있다. 자신의 의견을 분명히 제시하면서도, 다른 의견을 수용할 여지를 남겨둔다는 점이다. 이 태도는 자신의 판단이 언제든 수정될 수 있음을 인정하는 '지적 겸손'에서 나온다. 실제로 미시간 대학교의 심리학자들은 지적 겸손이 높은 사람들이 실수를 더 잘 인정하고, 타인의 관점을 적극적으로 수용하며, 결과적으로 더 나은 판단을 내린다는 사실을 밝혀냈다.

자신감과 자만이 가장 분명하게 갈리는 순간은 문제

가 발생했을 때다. 자만심이 강한 사람은 자신의 체면을 지키기 위해 실수를 숨기거나 책임을 외부로 돌린다. 반면 자신감 있는 사람은 실수를 인정하고 이렇게 말한다. "이 부분은 제가 잘못 판단했습니다. 지금부터 어떻게 해결할지 함께 이야기해 봅시다." 이들은 실수 하나로 자신의 가치가 무너지지 않는다는 것을 정확히 알고 있다. 그래서 자신을 지키기 위해 불필요한 에너지를 쓰기보다 문제 해결에 집중하는 것이다. 이 태도는 단기적으로는 손해처럼 보일 수 있지만, 장기적으로는 훨씬 큰 신뢰와 존경을 만들어낸다.

자신감 있는 말투는, 자신의 능력을 과시하는 기술이 아니다. 타인을 위축시키지 않으면서도 협력을 이끌어내는 힘이다. 당신의 말이 상대를 참여하게 만들 때, 당신의 영향력은 자연스럽게 커진다. 오늘부터 말을 조금 줄이고, 귀를 조금 더 연다면 당신의 말은 과시하는 말솜씨가 아니라, 신뢰 가는 목소리가 될 것이다. 그리고 이 작은 차이가 관계의 깊이를 완전히 바꿔 놓을 것이다.

"겸손은 모든 지혜의 시작이다."


—아우구스티누스

$$\boxed{\text{DAY 13}}$$

# 불필요한 사과는 그만 멈춰라

갈등이 없는데도 습관처럼 사과부터 하는 사람들이 있다. 말할 때마다 "죄송하지만"을 덧붙이거나, 잘못한 일이 없음에도 "폐를 끼쳐서 죄송합니다"라는 말을 먼저 내놓는 경우다. 이 말은 예의 바른 표현일 수 있다. 그러나 지나치게 반복되면 그 사람의 존재나 요구 자체가 누군가에게 부담을 주는 일인 것처럼 보이게 만든다. 사과가 많아질수록 말의 무게는 가벼워지고 동시에 스스로의 위치는 점점 낮아진다.

이런 불필요한 사과의 근원에는 공통된 심리가 있다. 바로 갈등을 만들고 싶지 않다는 두려움이다. 상대의 기분을 상하게 할까 봐, 분위기를 흐릴까 봐, 튀는 사람이 되고 싶지 않아서 미리 사과부터 하는 것이다. 하지만 정당한 요청을 하면서까지 사과하는 습관은, 대화를 부드럽게 만드는 것이 아니라 오히려 자신의 발언권을 스스로 줄이는 행위다.

예를 들어, 회의 중 궁금한 점이 생겼을 때를 떠올려 보자. "죄송한데, 질문 하나 해도 될까요?"라는 말에는 질문 자체가 방해가 될 수 있다는 전제가 깔려 있다. 이럴 때는 "이 부분에 대해 질문이 있습니다" 혹은 "한 가지 확인하고 싶은 점이 있습니다"라고 말해도 충분하다. 사과 대신 상황에 맞는 정중함과 명확함을 선택하는 것이, 대화의 균형을 지키는 방법이다.

심리학자이자 가족 치료사인 해리엇 러너 박사는 진정한 사과란 우리가 실제로 잘못을 저질렀을 때, 즉 윤

리적·도덕적·현실적으로 누군가에게 피해를 주었을 때만 의미를 가진다고 말한다. 잘못하지 않은 일까지 사과를 남발하면 그 말은 점점 힘을 잃고 만다. 더 중요한 순간, 꼭 필요할 때 건네야 할 사과의 진정성마저 희석되는 것이다. 그래서 그녀는 불필요한 사과를 줄이고, 그 에너지를 감사와 명확한 소통으로 전환하라고 조언한다.

가장 실천하기 쉬운 방법은 '죄송합니다'를 '감사합니다'로 바꿔 말하는 연습이다. 상대를 기다리게 했을 때 "늦어서 죄송해요" 대신 "기다려 주서서 감사합니다"라고 말해 보자. 초점이 나의 실수에서 상대의 배려로 옮겨가는 순간, 대화의 분위기는 방어적 프레임에서 존중의 프레임으로 전환된다. 친구가 바쁜 일정에 시간을 내주었을 때도 마찬가지다. "바쁜데 미안해"보다는 "소중한 시간 내줘서 정말 고마워"라는 말이 관계를 훨씬 건강하게 만든다.

우리가 사용하는 언어는 우리가 스스로를 어떻게 대

하는지를 그대로 드러낸다. 습관적인 사과는 겸손이 아니라 자기 축소에 가깝다. 이제는 불필요한 사과로 자존감을 깎아내리기보다, 존중과 감사로 나 자신을 바로세워 보자. 당신의 요구와 의견은 사과의 대상이 아니라 존중받아야 할 표현이다.

말 한마디 한마디에 죄책감이 빠지고 자기 존중이 채워질 때, 세상은 당신을 존중해도 되는 사람으로 인식한다. 그 결과, 관계는 불필요한 긴장 없이 단순하고 편안해진다. 그러니 습관적인 사과는 멈추어도 된다. 그때부터 세상은 당신을 있는 그대로 충분히 존중받아 마땅한 사람으로 바라볼 것이다.

"감사는 정중함의 가장 아름다운 표현이다."


—자크 마리탱

$$\text{DAY 14}$$

# 시간을 아끼는 '두괄식' 대화법

서론이 긴 '미괄식' 대화는 듣는 사람의 집중력을 소진시킨다. 빠른 판단과 결정이 필요한 환경일수록 이런 방식은 더욱 답답함으로 남는다. 이 같은 이유로 "그래서, 결론이 뭐예요?"라는 말이 나오기도 한다.

그래서 필요한 것이 바로 '두괄식' 대화법이다. 두괄식 대화법은 가장 중요한 메시지를 먼저 제시하고, 그 이유와 근거를 뒤에서 설명한다. 이는 단순히 말의 순서를 바꾸는 기술이 아니다. 우리의 뇌는 정보를 받아들일 때 전체 구조를 먼저 파악하려는 성향을 가지고 있다. 결론이 먼저 주어지면 이후의 설명은 혼란이 아니라 이해를 돕는 근거로 작동한다. 반대로 결론 없이 이어지는 설명은 듣는 사람으로 하여금 계속해서 방향을 추측하게 만들고 불필요한 에너지를 소모하게 한다.

예를 들어, 주간 보고서 마감 기한을 연기해야 하는 상황을 떠올려 보자. "지난주부터 갑자기 A 프로젝트에 이슈가 생겨 팀원들이 야근까지 했지만, 결국 오늘 보고서를 완성하지 못했습니다."라고 시작하는 대신, "보고서 마감 기한을 내일 오전 10시로 연기해야 합니다. 이유는 A 프로젝트의 예기치 않은 이슈 때문입니다."라고 말하는 것이 듣는 사람의 이해 속도를 빠르게 만든다.

커뮤니케이션 이론가 바바라 민토(Barbara Minto)는 이를 '피라미드 원칙'으로 설명했다. 가장 중요한 메시지를 꼭대기에 두고, 그 아래에 이유와 근거를 쌓아 올리는 구조다. 그녀는 청중이 "왜?"라는 질문을 던지기 전에,

화자가 먼저 답을 제시해야 한다고 말한다. 결론을 먼저 말하는 사람은 생각이 정리된 사람으로 인식되고, 그 말은 자연스럽게 신뢰를 얻기 때문이다. 두괄식은 말을 잘하는 기술이 아니라, 생각을 명확히 정리하는 사고방식에 가깝다.

두괄식 대화법은 일상에서도 충분히 적용할 수 있다. 예를 들어, 연인에게 서운함을 말할 때 "어제 말인데, 많이 바쁜 거 알아. 그래서 원래는 이런 얘기 잘 안 하려고 했거든. 연락이 꼭 필요한 건 아니라는 거 알아. 하지만…" 이라고 말하는 것보다, "연락이 없어서 서운했어." 라고 말하는 편이 훨씬 솔직하고 진솔하게 다가온다.

이처럼 두괄식 대화법은 비즈니스에서뿐만 아니라 일상에서도 상대에게 내 마음을 더 명확히 전달하고, 감정을 숨기지 않아 불필요한 오해를 줄여준다. 중요한 것은 말의 양이 아니라 순서다. 하고 싶은 말이 많을수록 가장 중요한 말부터 앞에 두어야 한다. 말하기 전, 이 대화에서 가장 전하고 싶은 말이 무엇인지 스스로에게 묻고, 그 말을 한 문장으로 정리해 가장 먼저 꺼내는 것이다.

그러니 오늘부터 당신의 말에서 가장 중요한 문장을 맨 앞에 세워 보자. 말은 길지 않아도 분명해지고 명확해질 것이다. 시간과 신뢰를 동시에 얻는 대화는 언제나 그렇게 시작된다.

"말은 짧고 뜻은 길어야 한다."


— 탈무드

## DAY 15

# 오해를 깨뜨리는 성숙한 말투

살다 보면 말이 와전되어 소문이 오해를 사는 순간이
찾아올 때가 있다. 이 오해는 불화를 만들고, 해명하지
않은 침묵은 곧 동의가 되어 거짓도 사실처럼 굳어진다.
그리고 억울함이 쌓여 마음을 병들게 할 뿐만 아니라,
장기석으로는 평판과 신뢰까지 훼손한다. 그렇다고 해
서 오해를 풀겠다고 다짜고짜 "제가 언제 그랬는데요?"
라고 따지듯 말하면 상황은 금세 확인이 아닌 감정싸움
으로 변질된다. 이럴 때 필요한 것은 바로 성숙한 말투

다. 성숙한 말투는 오해를 바로잡는 동시에 관계를 지키고, 위기 상황에서 신뢰를 증명하는 중요한 소통 능력이다.

오해를 푸는 말투의 핵심은 '상대방의 감정을 인정한 후 팩트를 재구성'하는 것이다. 사람들이 오해를 받았을 때 감정적으로 반응하는 이유는 단순히 사실 관계 때문이 아니다. 지적을 받았다고 느끼는 순간 억울함이 먼저 올라와 감정을 상하게 만들기 때문이다. 뇌과학적으로도 감정을 담당하는 영역은 이성적인 사고보다 훨씬 빠르게 반응하기 때문에, 이 마음의 경계를 먼저 무너뜨려야 이성적인 대화가 가능해진다. 따라서 성숙한 대화의 시작은 상대방의 감정에 대한 공감이 먼저 되어야 한다.

**나쁜 예:** "그거 완전히 오해하신 거예요. 전 그렇게 말한 적 없어요."

이 말은 상대방의 감정이나 경험 자체를 부정하며, 즉

각적인 충돌을 만든다.

**좋은 예:** "제 말이 그렇게 비췄다면 정말 죄송합니다. 듣는 분 입장에서는 충분히 그렇게 생각하실 수 있을 것 같아요.(상대의 감정을 인정) 하지만 제가 말씀드리고자 했던 취지는 이 부분이었습니다.(팩트를 재구성)"

이처럼 '그렇게 받아들인 것도 이해한다'라는 식의 공감으로 시작하면, 상대방은 자신의 감정이 공격받지 않았다고 느껴 방어적인 태도를 내려놓게 된다. 그다음에야 비로소 사실을 차분히 설명할 수 있는 공간이 열린다. 이때 중요한 것은 말의 방향이다. "당신이 틀렸다"가 아니라 "내가 알고 있는 사실은 이렇다"라는 중립적인 전달이어야 한다. 감정을 최소화할수록 상대는 자신의 기억에 오류가 있을 수 있다는 가능성을 더 쉽게 받아들인다.

또한 오해를 바로잡을 때는 '시간·장소·내용'을 분명히 재구성하는 방식이 효과적이다. 마치 사건을 설명하듯 구체적으로 말하는 것이다. 예를 들어, "제가 당신을 무시했다는 오해가 있는 것 같습니다"라고 먼저 짚은 뒤, "어제 오후 3시 회의에서 저의 발언은, 새로운 아이디어를 검토하자는 취지였습니다. '지금 안이 틀렸다'가 아니라, '다른 가능성도 함께 보자'는 쪽에 가까웠습니다. 당시 사용한 표현은 '기존 제안과 병행 검토'였고, 이 내용은 회의 정리본에도 남아 있습니다. 기존 제안을 부정하려는 의도는 없었습니다."라고 설명하는 식이다. 이렇게 구체적인 표현과 근거를 제시하면 상대는 감정이 아닌 사실을 중심으로 상황을 다시 바라보게 되고, 당신이 이 문제를 얼마나 신중하게 다루는지에 대한 신뢰도 함께 쌓인다.

오해를 해명한 뒤에는 반드시 대화를 미래로 연결해야 한다. 단순히 "오해가 풀렸다"에서 끝내는 것이 아니라, 앞으로 같은 오해를 어떻게 예방할 것인지까지 함께 이야기해야 한다. "앞으로는 오해의 소지가 없도록 표현을 더 명확히 하겠습니다. 혹시 불편한 점이 있다면 바로 말씀해 주세요."라는 말은, 관계를 유지하고 개선하려는 의지를 분명히 보여준다. 이 한 문장이 오해를 단순한 문제 해결이 아니라 관계를 강화하는 계기로 바꾼다.

오해는 누구에게나 생길 수 있다. 중요한 것은 오해를 대하는 태도다. 감정적으로 반응하며 상황을 키울 것인지, 차분한 말투로 정리하며 신뢰를 회복할 것인지는 전적으로 말하는 사람의 선택에 달려 있다. 오해 앞에서 감정을 앞세우지 않고 성숙한 말투를 사용할 때, 당신은 관계를 지키는 동시에 합리적이고 공정한 사람이라는 평가를 얻게 된다.

"그 사람과의 인격은

그가 나누는 대화를 통해 알 수 있다."


― 메난드로스

## DAY 16

# 가스라이팅으로부터 나를 지키는 법

"나한테 가스라이팅 하지 마."

요즘 유행처럼 번지며 대중에게 익숙해진 단어인 '가스라이팅(Gaslighting)'은 관계를 파괴하는 가장 은밀하고 위험한 화법이다. 상대가 스스로의 판단을 의심하게 만들어, 통제받고 있다는 사실조차 인식하지 못하게 하기 때문이다.

가스라이팅은 1938년 연극, 1944년 영화로 제작된『가

스등(Gaslight)』에서 유래한 개념으로, 남편이 아내를 속여 스스로를 미쳤다고 믿게 만드는 이야기에서 비롯되었다. 이는 타인의 심리나 상황을 교묘하게 조작해, 그 사람이 자신의 현실 인식 능력을 의심하게 만드는 심리적 학대이자 조종을 의미한다. 이 화법이 특히 위험한 이유는 상대방의 기억과 판단, 현실 감각을 지속적으로 왜곡해 스스로를 믿지 못하게 만들고, 결국 가해자에게 심리적으로 종속되도록 유도하기 때문이다.

가스라이팅 화법을 사용하는 사람들은, 당신이 잘못하지 않았음에도 끊임없이 당신의 인지 능력을 흐리게 만든다. 상대의 반응을 비정상적이거나 과민한 것으로 치부하며 대화를 끌고 간다. 예를 들어, 상대의 명백한 실수로 정당하게 화를 냈을 때조차 "너 지금 너무 예민한 거 아니야?", "별것도 아닌 일에 왜 이렇게 흥분해?"라고 말한다. 심지어 명확한 사실 앞에서도 "내가 언제 그런 말을 했어?", "네가 착각을 많이 해서 기억이 틀린 거야"라며 현실 자체를 부정한다. 때로는 "그건 네가 너무 비논리적이라서 그래. 상식적으로 말이 된다고 생각해?"
와 같이 지적 능력까지 깎아내린다.

　이런 말들이 반복되면 듣는 사람은 자연스럽게 '내가
현실을 잘못 보고 있는 건가', '내 감정이 과한 건가'라는
혼란과 자책에 빠지게 된다. 결국 피해자는 자신의 현실
인지 능력 자체를 의심하며 주체성을 서서히 잃어간다.

　이렇게 가스라이팅의 덫에 빠지면 사람은 스스로를
믿지 못한 채 심리적으로 위축된다. 혼란을 끝내기 위
해, 그리고 관계를 정리하기 위해 결국 '내가 잘못했다'
는 결론으로 스스로를 몰아가 용서를 구하게 된다. 하
지만 분명히 기억해야 할 사실이 있다. 이 과정은 당신
의 잘못이 아니라 가해자의 교묘한 조종 화법에 노출된
결과라는 점이다.

　과거 내가 겪었던 사소한 해프닝 하나만 봐도 이 메커
니즘은 쉽게 이해된다. 친구들과의 모임에서 내가 산 물

건을 친구들이 장난으로 바꿔치기한 뒤, 요청한 물건을 내가 사 오지 않았다고 핀잔을 준 적이 있다. 나는 분명 마트에 가서 고른 기억이 있었지만, 영수증이 없었고 친구들이 돌아가며 "나는 못 봤는데?", "봉지 열었을 때 없었어."라고 말하자, 불과 몇 분 전의 일임에도 내 기억에 확신이 흔들렸다. 결국 나는 사과하며 다시 사 오겠다고 말했다. 장난으로 끝난 일이었지만, 실제 가스라이팅은 바로 이런 식으로 피해자의 확신을 무너뜨리는 데서 시작된다.

특히 감정을 자주 교류하는 가족이나 연인 관계, 혹은 성과와 평가가 중요한 직장 내에서의 가스라이팅은 한 사람의 인격과 커리어를 무너뜨릴 만큼 파괴적인 결과를 낳는다. 심리학자들과 임상 전문가들은 가스라이팅의 본질을 '권력 불균형을 이용한 정서적 학대'로 정의하며, 피해자를 고립시키고 결국 가해자에게 전적으로 의존하게 만드는 심리적 고문이라고 분석한다.

이로부터 나 자신을 지키기 위해 가장 중요한 것은 확고한 증거를 확보하고, 심리적인 거리를 유지하는 것이다. 가스라이팅은 대부분 모호한 말과 심증을 이용해 상대를 흔들기 때문에, 명확한 물증과 근거가 있으면 쉽게 휘둘리지 않는다. 중요한 대화나 약속은 즉시 메모하거나 기록으로 남기고, 논쟁의 소지가 있는 발언은 메시지나 이메일로 남겨 눈으로 확인할 수 있어야 한다. "네가 잘못 기억하고 있어"라는 공격 앞에서 "내가 보낸 메시지에는 이렇게 적혀 있어"라고 대응할 수 있어야 한다.

또한 자신의 기억이나 감각이 흔들릴 때는, 상황을 잘 아는 객관적이고 신뢰할 수 있는 제삼자에게 사실 관계를 확인하는 과정도 필요하다. 이를 통해 스스로의 판단이 틀리지 않았음을 재확인해야 한다. 무엇보다 가스라이팅이 시작되면 논쟁 자체를 이어가지 않는 것이 중요하다. "나는 네 말이 아니라, 내가 기록한 사실을 믿어."라고 단호하게 선을 긋고, 대화의 초점을 감정이 아닌 사실 확인으로 돌려야 한다.

우리는 매일 수많은 관계 속에서 살아간다. 하지만 그 중에는 당신의 감정을 갉아먹고, 존재 자체를 부정하는 독이 든 소통 방식도 분명 존재한다. 그렇다고 잊지 말아야 할 사실이 있다. 당신의 감정과 기억은 오직 당신의 것이며, 침범당할 수 없는 영역이라는 점이다. 그 누구도 당신의 현실 인지 능력을 의심하게 만들 권리는 없다.

그러니 더 이상 "내가 이상한가?"라는 질문으로 스스로를 괴롭히지 말자. 대신 "이 사람이 나를 조종하려 하고 있구나"라고 한 발 떨어져 판단할 수 있는 방어막을 세워야 한다. 자신을 지키기 위해 준비하고, 당신의 진실을 존중하지 않는 화법을 쓰는 사람에게서 용기를 내어 멀어질 때, 비로소 당신은 건강하고 주체적인 삶을 살아갈 수 있다.

"자기 자신을 속이는 것보다
더 위험한 일은 없다."


— 요한 볼프강 폰 괴테

# DAY 17

# 무서운 '수동 공격'의 종류와 대처법

"불편하다"라고 직접적으로 말하지는 않지만 간접적인 표현으로 자신의 불편함을 내비치는 사람들이 있다. 입으로는 아무 말도 하지 않으면서 표정과 말투, 애매한 행동을 통해 불만을 은밀하게 흘려보낸다. 심리학에서는 이런 방식을 '수동 공격'이라고 부른다. 이들을 상대하기가 까다로운 이유는 분명하다. 노골적으로 화를 내거나 비난하지 않기 때문에 불만의 정체를 특정하기 어렵다. 괜히 문제 삼았다가는 예민한 사람으로 몰아가기 쉽고, 그냥 넘기자니 마음 한편이 계속 불편해진다. 수동 공격은 말보다 태도와 분위기로 신호를 보내며 서서히 관계의 주도권을 가져간다. 그래서 이 유형을 이해하려면 말의 내용보다 반복적으로 보여주는 태도를 먼저 살펴봐야 한다.

그렇다면 수동 공격은 구체적으로 어떤 방식으로 우리를 불편하게 만들까. 그리고 이런 상황에서 우리는 어떻게 대응해야 할까. 지금부터 일상에서 가장 흔하게 마주치는 수동 공격의 형태들을 살펴보고, 그에 대한 현실적인 대처법을 함께 정리해 보자.

## 1. 침묵과 한숨 속에 숨겨진 진심

수동 공격의 가장 흔한 신호는 말이 아니라 태도에서 나타난다. 당신이 의견을 말하고 있는데 상대가 갑자기 한숨을 쉬거나, 눈을 굴리거나, 팔짱을 끼고 듣는다면 그건 단순한 습관일까?

예전 회사에 팀장님 한 분이 있었다. 팀장님은 늘 회의를 시작하기 전 "오늘은 자유롭게 의견 내봅시다."라고 말했지만, 누군가 말을 꺼내는 순간 표정이 굳고 고개를 떨군 채 한숨을 쉬었다. 팀장님은 단 한 번도 "그건 별로네요"라고 말한 적은 없다. 하지만 발언 도중 팔짱을 끼고 한숨을 쉬는 행동은 "그 아이디어는 마음에 들지 않는다"는 메시지와 다르지 않다. 이런 비언어적 공격은 직접적인 비난보다 더 교묘하게 상대를 위축시키고 결국 스스로 입을 닫게 만든다.

## 2. 칭찬 뒤에 숨긴 독, 백핸디드 컴플리먼트

수동 공격의 또 다른 형태는 칭찬처럼 들리지만 속에는 깎아내림이 섞여 있는 '백핸디드 컴플리먼트(Backhanded compliment)'다. 예를 들어, 당신이 회사에서 좋은 성과를 냈을 때 "와, 생각보다 잘했네. 네가 이런 것도 할 줄 몰랐어"라는 말을 들었다면, 겉으로는 칭찬처럼 보이지만 그 말속에는 '나는 원래 당신을 낮게 보고 있었다'는 전제가 깔려 있을 수도 있다. 하지만 이런 말은 칭찬으로 포장돼 있어 알아차리기가 곤란하다. 불편함을 표현하는 순간 오히려 예민한 사람으로 몰리기 쉽기 때문이다. 그래서 대부분의 사람들은 그냥 웃고 넘긴다. 하지만 그 불편함은 오래간다.

### 3. '읽씹'과 '늦장'으로 드러나는 비협조적인 태도

바쁘지 않음에도 의도적으로 응답을 늦추는 것 역시 수동 공격이다. 급한 업무 메시지를 보냈고 '읽음' 표시까지 떴는데, 몇 시간 동안 답이 없다가 퇴근 직전에 형식적인 답장이 오는 경우가 그렇다. 혹은 중요한 정보를 일부러 늦게 전달하거나, 깜빡한 척 책임을 회피하기도 한다. 이 방식의 문제는 상대를 끊임없이 기다리게 만든다는 데 있다. 당신은 애가 타지만 상대는 "바빠서 못 봤다"는 말로 빠져나간다. 결국 심리적 부담과 손해는 고스란히 당신 몫이 된다.

### 4. 과장된 피해자 코스프레

마지막은 자신을 피해자로 포장하는 방식이다. 이런

사람들은 행동을 지적받으면 반성 대신 "그래, 내가 다 잘못했지", "나만 나쁜 사람이면 되는 거잖아"처럼 과도한 감정 표현으로 대화를 흐린다. 이 화법의 핵심은, 논점을 감정으로 덮어버리는 데 있다. 문제를 제기한 사람은 어느새 냉정한 가해자가 되고, 대화의 본질은 사라진다.

이처럼 수동 공격은 직접적인 비난이 아님에도 우리의 자존감을 서서히 깎아내린다. 그래서 중요한 건 이들에게 휘말리지 않고 자신의 에너지를 지키는 방식이다.

첫째, 감정에 반응하지 말고 팩트만 묻자.

모호한 말과 태도에는 감정이 아니라 사실로 대응해야 한다.

"혹시 방금 그 말은 칭찬이신가요. 제가 오해하지 않도록 정확히 알고 싶습니다."

"오늘까지 마감인데, 언제쯤 회신 가능하신지 알려주실 수 있을까요."

이렇게 묻는 순간, 상대는 모호함 뒤에 숨기 어렵다.

둘째, '나 전달법'으로 부드럽지만 분명하게 말하자.

"제가 말씀드릴 때 한숨이 들려서 조금 위축되는 느낌이 들었습니다. 의견이 다르다면 편하게 말씀해 주시면 좋겠습니다." 이건 공격이 아니라 경계를 설정하는 일이다.

수동 공격의 문제는 눈에 띄는 상처를 남기지 않으면서도 서서히 사람을 지치게 만드는 것이다. 그래서 많은 사람들이 "별일 아닌데 왜 이렇게 피곤하지"라며 스스로를 탓하게 된다. 가장 건강한 소통은 솔직하고 직접적인 표현에서 시작된다. 불편함을 느꼈을 때 침묵하며 버티는 것이 아니라, 차분하지만 분명하게 사실을 묻고 나의 감정이 가볍게 넘겨질 수 없다는 선을 그어 두는 것이다. 그것이 진짜 어른의 태도임을 명심하고 마음 깊이 새기자.

"극히 조심한다는 방침이야말로

가장 위험한 것이다."


— 자와할랄 네루

## DAY 18

# 성공적인 삶을 사는
# 상위 1퍼센트의 대화법

성공한 상위 1퍼센트의 사람들은 무언가 특별한 유전
자를 타고난 것 같지만 실상은 다른 사람들과 크게 다
르지 않다. 다만 그들은 압도적인 차이가 나는 부분이
있는데 그건 바로 대화 능력이다. 실제로 수많은 연구에
서도 직장 내 승진이나 경력 성공이 기술적 능력이 아닌
인간관계와 소통에서 비롯된다는 사실을 밝혀냈다. 대
화는 삶에 있어 정말 중요한 부분으로 작용한다. 성공

한 사람들은 그것을 잘 알고 있기 때문에 말할 때 생각 없이 말하는 게 아니라 '목표 달성'을 위해 의도적으로 대화를 설계한다.

특히 상위 1퍼센트는 대화가 시작되자마자 가장 중요한 결론이나 요청 사항을 '한 문장'으로 압축하여 던진다. 결론 없이 장황하게 설명하는 말하기 방식은 상대방의 집중력을 흩트리고 시간을 낭비한다는 걸 잘 알기 때문이다.

예를 들어, 회사에서 중요한 회의를 발표할 때, "현재 회사 내부 사정이 힘들지만 저희 팀이 밤낮없이 노력해서 B사와 협력을 이끌어냈고, 이로 인해 추가적인 마케팅 자금이 필요해졌습니다…."와 같이 장황하게 설명하면 상대방은 "결론이 뭔데?"라고 질문할 것이다. 그러나 "이번 4분기 마케팅 예산을 2천만 원 증액해야 합니다. 그 이유는 업계 선두 주자인 B사와의 핵심 파트너십을 확보했기 때문입니다"와 같은 말하기 방식은, 상대방의 시간을 아껴주고 정보를 명료하게 전달한다. 또, 듣는 이가 "왜?"라는 질문을 던지기 전에 이미 논리적인 구조 안에 답을 주어 즉각적인 신뢰와 집중을 얻어낸다.

두 번째 단계는, '감정 읽어주기' 기술이다. 사람들은 논리적인 정보보다 자신의 감정을 먼저 인정받을 때 비로소 마음을 열고 메시지에 몰입하기 때문이다. 특히 팀 내 갈등이나 어려운 변화를 추진할 때, 일반적인 리더들은 "이건 회사 규정이니까 따라야 합니다"라며 논리로 맞서지만, 상위 1퍼센트는 상대방의 감정을 읽고 그것을 언어로 규정하여 말해주는 '감정 읽어주기' 기술을 사용한다.

예를 들어, 팀원이 새로운 업무 프로세스 도입에 강하게 저항할 때 "새로운 시스템 도입에 대해 불편함을 느끼고 있다는 것 잘 압니다"라며 감정을 읽어준다면, 팀원은 자연스럽게 자신의 속마음을 털어놓을 것이다. 이렇게 감정적 앙금이 해소되고 나면 대화는 자연스럽게 문제 해결 중심으로 바뀌며 당신이 대화를 주도하게 된다. 이 기술은 FBI가 인질과 협상할 때 쓰는 방법으로, 전 FBI 인질 협상 전문가인 크리스 보스는 이 기술이 감정적 장벽을 무너뜨리는 데 매우 효과적이고 결정적인 영향을 미친다고 했다.

이러한 감정적 연결 고리를 만든 후, 상위 1%의 사람들은 원하는 대답을 강요하지 않고도 '상대방이 스스로 말하게 만드는' 세 번째 원칙을 사용한다. 사람들은 남이 강요한 의견보다 자신이 스스로 답을 찾았다고 느낄 때 훨씬 강력하게 동의하고 실행한다. 이들은 자신이 얼마나 많은 정보를 가지고 있는지 과시하지 않고, 소크라테스식 문답법처럼 질문을 통해 상대방의 생각을 단계적으로 안내한다.

예를 들어, 팀장이 핵심 업무를 계속 본인만 하려 할 때, "팀장님이 지금 제일 중요하게 생각하시는 게 팀 전체 효율 맞죠? 그럼 이번 프로젝트에서 업무를 어떻게 나누는 게 좋을까요?"라고 질문하는 것처럼 말이다. 이 질문을 받는 순간 상대방은 업무를 혼자 끌어안는 방식이 아니라, 팀 전체를 활용하는 선택지를 떠올리게 된다. 강요 없이 질문만으로도 '업무 분담'이라는 답이 나오도록 유도하는 것이다.

나아가 중요한 답변을 들은 후에는 즉시 다음 질문을 이어가기보다, 3~5초 정도 의도적인 침묵을 지켜야 한다. 이 침묵은 상대방이 더 깊이 생각하고 핵심적인 답변을 제공하게 만드는 비언어적 표현이다.

상위 1%의 대화법은 결코 천부적인 재능이 아니다. 대화의 목적을 명료화하고, 상대방의 감정을 먼저 풀어낸 뒤, 질문으로 주도권을 설계하는 습관에서 비롯된다. 평범함을 넘어 비범한 사람으로 거듭나고 싶다면, 이 3가지 스킬을 자신의 것으로 체화하고 대화하길 바란다.

"현명한 자는 말하기 전에 생각하고,
어리석은 자는 말한 뒤에 생각한다."

— 에드워드 영

( DAY 19 )

# 모르는 것을 아는 체하는
# 최악의 말투

"아, 그건 잘 모르겠는데…" 이 말을 하는 순간 혹시 바보처럼 보일까 봐 모르는 걸 알고 있다는 듯이 말한 적 있는가? 얄팍한 자존심을 지키기 위해 대화 도중 아는 체했다면, 당신은 인간관계에서 가장 파괴적인 실수를 저지른 것이다.

모르는 걸 아는 체하는 말투는 단순한 거짓말이 아니

라 관계의 신뢰를 무너뜨리는 행위다. 모르면서 진실을 감추고 기만하려는 의도에는 많은 사람들이 큰 배신감을 느낀다. 이처럼 억지로 아는 체하는 건 당신이 성장할 수 있는 기회마저 가로막는 최악의 대화 습관이다.

그렇다면 왜 모르는 걸 아는 체하는 것일까? 자신이 모른다는 것을 감추려 하는 이유는 대부분 순간적인 열등감을 느꼈기 때문이다. 상대방보다 낫다는 마음, 내가 가진 사회적 지위를 지키고 싶은 강박이 아는 체하게 만든다. 하지만 이 말은 중요한 순간 관계에 돌이킬 수 없는 균열을 만들기도 한다.

한번은 친구들과 최근에 출시된 전기차에 대해서 이야기한 적 있다. 평소 자동차에 관심이 많던 한 친구는 그 차에 대해 언급하며 특정 기종의 주행 성능과 배터리 효율을 전문가처럼 자세하게 설명하였다. 워낙 차를 좋아하고 내용이 굉장히 구체적이었기에 모두가 신기하게 듣고 있었는데, 옆에서 한 친구가 그 성능이 진짜 있는지 검색해 보았고, 검색 결과 친구가 설명한 성능은 사실과 완전히 달랐다. 평소 믿음직했던 친구의 구체적인 설명이 거짓으로 드러나자 그 자리에 있던 모두는 당혹감을 감추지 못했다.

이처럼 모르면서 아는 체하다가 나중에 진실이 드러나는 것은 차라리 처음부터 모르는 걸 인정하는 것보다 훨씬 더 파괴적이다. 왜냐하면 사람들은 지식이 부족했기 때문이 아니라, "자존심을 지키기 위해 우리를 속였다"는 사실에 깊은 배신감을 느끼기 때문이다. 단 한 번의 지적 허세는 솔직함과 진정성에 대한 모든 평가를 깎아내리고, 결국 주변 사람들을 곁에서 떠나게 만드는 원인이 된다.

진정으로 성숙하고 영향력 있는 사람은 자신이 모르는 분야를 인정하고 기꺼이 질문할 줄 아는 용기를 가진 사람이다. 자신의 무지함을 인정하는 것은 부족함이 아니라 배우겠다는 의지이기 때문이다. 누군가 "모릅니다"

라고 말할 때 주변 사람들은 그들을 비난하거나 무시하는 것이 아니라, 오히려 솔직함과 겸손함을 갖춘 사람으로 인식하고 기꺼이 자신의 지식과 경험을 공유해 주고 싶어 한다. 애초에 사람은 태어날 때부터 무지한 채로 시작해 서서히 배움과 질문을 통해 채워가는 존재이기 때문이다. 만약, 모른다고 했을 때 당신을 무시하고 질책하는 사람이 있다면, 그 사람의 인성이 부족한 사람이기 때문에 마음에 담아 두지 말고 거리를 두면 된다.

당신이 성장하고 싶고 잘 되고 싶다면 한낱 자존심 때문에 소중한 인간관계를 망치지 말아야 한다. 모르는 것은 모른다고 당당하고 솔직하게 인정하고, 질문을 통해 다양한 지식과 경험을 쌓아가자. 당신이 모르는 것이 있을 때 아는 체하는 게 아니라 배우고자 하는 겸손한 자세로 다가간다면, 당신은 신뢰를 잃는 대신 당신을 돕는 귀한 협력자를 만나게 된다.

"모른다는 것을 아는 것이 진정한 지혜다."


— 소크라테스

## DAY 20

# 하루 10초,
# 세상에서 가장 행복해지는 습관

"나는 세상에서 가장 행복한 사람이야."

현실은 냉혹하고 절망적일지라도, 과연 이렇게 확신에
찬 긍정적인 말을 스스로에게 건넬 수 있는 사람이 몇
이나 될까? 놀랍게도 현실과는 정반대되는 강력한 긍정
확언은 분야를 막론하고 성공을 이룬 많은 이들과 세계
적인 갑부들이 공통적으로 사용해 온 성공 습관이다.

나도 오래전 소위 '끌어당김의 법칙'을 소개한 베스트셀러 《시크릿(The Secret)》을 통해, 간절히 원하는 바를 끊임없이 상상하고 되뇌면 현실이 된다는 내용을 접했었다. 처음 그 책을 읽고 신선한 충격을 받아 따라 해보겠다고 시도를 했지만, 몇 번 시도하다가 눈에 띄는 변화가 없어 금방 포기했다. 그러던 어느 날 한 마인드 강연에서 이와 비슷한 주제를 다시 듣게 되었다.

"여러분이 매일 아침 거울을 보며 스스로를 '세계 최고'라고 믿으면 결국 그 꿈은 이루어지게 됩니다. 현재 상황은 힘들고 어렵더라도 내가 되고 싶다고 생각하는 모습을 이미 이룬 것처럼 믿으십시오. 그러면 어느 날 여러분이 그토록 바라던 모습과 닮아있는 자신과 마주하게 될 것입니다."

이미 관련 서적을 읽어본 터라 그다지 큰 감흥은 없었지만, 강연자가 직접 경험하고 목격한 여러 성공 사례들을 자세하게 들려주자 조금씩 마음이 움직였다. 특히 당시 미래가 불투명하고 마음이 복잡했던 터라 한 달만이라도 꾸준히 따라 해보라는 강사의 권유가 내 안에 강한 도전 의식을 불러일으켰고 그렇게 다시 한번 실천해보기로 결심했다.

내가 실천한 방법은 굉장히 단순했다. 아침에 양치를 하거나 세수를 할 때 잠깐 시간을 내어 거울 속 내 모습을 바라보며 활짝 웃는 것이었다. 그리고 '나는 세상에서 가장 멋지고 행복한 사람이다!'라고 입으로 소리 내어 말하거나 마음속으로 힘차게 외쳤다.

처음 일주일은 아무 일도 일어나지 않았다. 예전에 포기했던 것을 다시 하고 있는 내 모습이 어딘가 어리석고 한심하게 느껴지기도 했다. '고작 이런다고 뭐가 달라질까?' 하는 의심과 회의감이 끊임없이 찾아왔다. 하지만 '실제 효과를 본 사례들이 있으니 포기하지 말고 딱 한 달만 해보자'라는 결심이 마음을 붙잡았다. 일이 뜻대로 풀리지 않아 기분이 좋지 않을 때도, 흐린 날씨처럼 마음이 우울하고 미래가 암울하게 느껴질 때도, 거울을 볼 때마다 '나는 세상에서 가장 행복하고 멋진 사람이야!'를 습관처럼 되풀이했다.

결과적으로 외부 환경이나 인생의 큰 흐름은 당장 달라지지 않았다. 그러나 나의 내면, 즉 마음가짐은 완전히 다른 방향으로 움직이기 시작했다. 이전에는 현실이 지치고 힘들면 마음까지 무기력하게 가라앉았지만, 이 확언을 반복하면서 현실의 고통과 마음의 평화는 별개이며, 마음은 '먹기 나름'이라는 지혜를 체득할 수 있었다. 아무리 힘든 순간에도 "나는 행복한 사람이야"를 외치면 어둠 속으로 한 줄기 작은 빛이 스며드는 것처럼 나도 모르게 실없는 웃음이 터져 나왔다.

나는 그 후로 매일같이 이 확언을 실천하지는 못하더라도, 가끔 아침에 일어나 거울 속 내 모습을 볼 때마다 '나는 세상에서 가장 행복한 사람이야!'를 외친다. 그러면 신기하게도 그 하루를 생각보다 가볍고 상쾌한 마음으로 시작하게 된다.

실제로 이 긍정의 힘을 통해 어려움을 딛고 기적을 이뤄낸 사람들은 세상에 무수히 많다. 대표적인 예로 할리우드 스타 짐 캐리(Jim Carrey)의 이야기는 굉장히 유명하다. 그는 무명 시절, 재정적으로 극심한 어려움을 겪었고 당시 그의 주머니는 늘 비어 있었지만, 그는 1990년 추수감사절 스스로에게 '코미디 연기로 1,000만 달러를 받는다'고 적은 가짜 수표를 발행했다. 그리고 그는 매일 이 수표를 지갑에 넣고 다니며 자신이 이미 1,000만 달러를 받은 스타라고 믿고 행동했다. 그리고 훗날, 영화 《덤 앤 더머(Dumb and Dumber)》를 통해 그는 정확히 1,000만 달러의 출연료를 받게 되었고 그 가짜 수표는 그의 성공 신화에 상징적인 증거가 되었다.

아마 이 이야기를 듣고 말도 안 된다며 의심을 하는 사람이 있을 것이고, 믿고 작은 행동이라도 따라 해보는 사람이 있을 것이다. 그러나 당신이 분명히 알아야 하는 것은 이 작은 마음가짐의 차이가 결국 당신의 인생 전체의 방향과 결과를 결정지을 수도 있다는 것이다.

우리는 종종 현실이 변해야 마음이 바뀐다고 생각하지만 그렇지 않다. 마음이 먼저 움직여야 현실도 비로소 달라질 수 있다. 하루 10초 확언은 마음을 위로 밀어 올리는 작은 지렛대 같은 역할을 한다. 언뜻 보잘것없어 보이지만 작은 지렛대라도 매일 같은 방향으로 힘을 주면, 삶은 결국 그 힘에 반응한다. 좋은 생각은 한 번으로는 부족하지만, 매일 같은 방향으로 반복하면 인생은 자연히 그쪽으로 흘러간다. 인생을 바꾸는 것은 '거창한 결심'이 아니라, 스스로에게 건네는 반복되는 말이다.

"친절한 말은 짧고 쉽지만, 그 울림은 끝이 없다."


— 마더 테레사

$$\boxed{\text{DAY 21}}$$

# 존댓말이 주는 마법

내가 존경하는 한 대표님은 나이도 지긋하고 사회적
으로도 높은 위치에 계시지만, 나를 처음 만났을 때부
터 지금까지 항상 존댓말을 쓰신다. 나뿐만 아니라 누
구를 만나든 정중한 태도를 보이시는데, 그 모습에서는
단순한 예의를 넘어선 깊은 배려와 품격이 느껴진다.

그러다 하루는 대표님을 만나서 이야기를 나눌 수 있
는 기회가 생겼고 나는 "대표님은 어떻게 모든 사람에게 늘 존댓말을 쓰실 수 있으신가요?"라고 여쭈었다. 그리고 돌아오는 대답은 나의 고정관념을 완전히 깨주었다.

"저는 존댓말이 편합니다. 반말을 쓰면 저도 모르게 말이 거칠어지거나 상대를 가볍게 여기는 말실수를 할 때가 있어요. 그런데 존댓말을 하면 그런 실수가 자연스럽게 줄어듭니다."

대표님의 말씀을 듣고 나니 존댓말은 상대를 위한 도구일 뿐 아니라 나를 보호하고 지키는 장치라는 것을 깨달았다. 존댓말 덕분에 우리는 경솔함을 피하고, 말실수의 가능성을 현저히 줄일 수 있기 때문이다.

그 후로 나도 나이나 직급을 떠나 만나는 모든 사람에게 존댓말을 사용하기 시작했다. 그러자 놀라운 변화가 일어났다. 대표님의 말씀처럼 말실수를 하는 순간이 눈에 띄게 줄어든 것이다. 예전의 나는 '친하니까 괜찮겠지'라는 생각으로 너무 편하게 말하다 오해를 사거나 본의 아니게 상처를 준 적이 있었다. 하지만 존댓말을 사용하고 나니 자연스럽게 그런 불편함이 사라졌다. 그리고 덕분에 친밀함은 유지하면서도 관계의 품격은 높아졌다.

더욱 감사한 것은 사람들에게 훨씬 더 매력적으로 비치기 시작했다는 점이다. 내가 대표님을 보며 느꼈던 것처럼, 다른 사람들도 나를 다정하면서도 신뢰할 수 있는 사람으로 봐주었다. 고작 말투 하나만 바꿨을 뿐인데 관계에서 오는 오해나 갈등이 현저히 줄고 호감을 얻게 된 것이다. 이는 존댓말이 "나는 당신을 소중히 대합니다"라는 메시지를 일관성 있게 전달해 주었기 때문일 것이다.

물론 가끔은 편하게 말을 놓자고 제안하는 분도 계신다. 그럴 때마다 정중한 미소와 함께 "죄송하지만 저는 존댓말로 이야기하는 게 훨씬 편하고, 상대를 존중하는 저만의 방식이라서요."라고 답한다.

인간관계에서 잦은 갈등을 겪거나, 말실수로 후회하는 일이 많다면 오늘부터 존댓말을 당신의 '말 습관'으로 만들어보길 권한다. 존댓말은 단순한 예의가 아닌, 당신의 언행에 깊이와 신중함을 더하는 '가장 즉각적인 자기 관리 도구'다.

만약 이 작은 변화에도 "왜 나한테 계속 존댓말을 쓰냐?"라며 불편해하거나 비아냥대는 사람이 있더라도 걱정하지 말자. 존댓말은 나를 존중해 줄 사람과 그렇지 않은 사람을 자연스럽게 걸러주는 '자동 필터' 역할까지 해준다. 불필요한 관계는 자연스럽게 정리해 감정 소모를 줄여준다는 점에서 이는 존댓말이 주는 또 하나의 순기능인 셈이다.

당신의 말투는 곧 당신의 품격이다. 존댓말은 상대를 존중하는 방식인 동시에, 스스로의 가치를 높이는 가장 현명한 방법임을 잊지 말자. 말투 하나가 당신의 품격을 드러내고 결국 당신을 사랑받는 사람으로 만든다.

"존중받고 싶다면 존중하라."


— 컨퓨시우스

$$\text{DAY 22}$$

# 반드시 멀리해야 할 무례한 대화법

때로는 듣는 사람을 지치게 만들고 마음을 상하게 하는 말들을 거침없이 입 밖으로 내뱉는 사람들이 있다. 이러한 사람들은 예의가 없는 것을 넘어 상대를 존중하지 않고 '무례하게' 대한다. 그리고 이 무례함은 관계의 신뢰를 무너뜨리고 소통을 포기하게 만든다. 따라서 소중한 관계를 지키기 위해 무례한 사람을 경계하고 멀리해야 하는데, 지금부터 무례한 대화법 세 가지 유형에 대해서 자세히 알아보겠다.

## 1. 내 이야기만 하는 '자기중심형'

가장 흔하게 볼 수 있는 첫 번째 유형은, 상대방의 이야기에 귀 기울이지 않고 자신의 이야기로 대화의 초점을 돌리는 '자기중심형'이다. 이들에게 대화는 상대와 감정을 나누는 시간이 아니라, 자신이 하고 싶은 말을 쏟아내며 감정을 해소하는 시간에 불과하다.

예를 들어, "요즘 회사에서 늦게까지 야근해서 그런지 계속 피곤하고 몸이 찌뿌둥하네"라고 힘든 기분을 털어놓았다고 해보자. 이들은 "아, 정말 힘들겠다"라는 공감 대신 "에이 뭐, 그 정도 가지고 그래. 나는 일하느라 밤을 새운 적도 많은데?"라며 자신의 경험을 꺼내 당신의 이야기를 중요하지 않게 만든다.

이런 사람들은 당신의 감성이나 상황을 이해하려 하지 않고, 그저 자신의 이야기를 시작하기 위한 신호로 여긴다. 그렇게 대화가 끝나면 당신은 위로받기는커녕 오히려 기분이 더 상하고 에너지를 빼앗긴 듯한 기분을 느끼게 된다.

## 2. 근거 없이 우기는 '고집불통형'

두 번째 유형은 객관적이고 분명한 근거가 있어도 "내가 맞다"라고 억지를 부리는 사람들이다. 이들에게 대화는 함께 답을 찾아가는 과정이 아니라, 무조건 상대방을 이겨야 하는 싸움과 같다.

예를 들어, "이 식당은 이번 달에 위생 문제로 뉴스에 나왔대."라고 말하며 관련 기사를 보여주어도, 고집불통인 사람은 "에이, 방송은 다 믿을 수 없어. 나는 예전부터 여기 자주 왔는데 전혀 문제없던데?"라고 주장하며 사실을 외면한다. 또 "이 영화감독이 이 장면은 CG가 아니라 실제 촬영한 거래."라고 말해도, "아니야, 내 생각엔 이건 무조건 CG야. 네가 잘못 알고 있는 거 아니야?"라며 자신의 주관적인 의견을 강요한다.

이런 식의 대화는 더 이상 이성적인 교류가 아닌, 비

합리적인 감정싸움으로 번지게 된다. 그리고 이는 상대방의 정보나 지성을 평가절하하는 행위와 같아서, 더 이상 진지한 대화를 하고 싶지 않게 만든다.

### 3. 상처 주는 말을 서슴지 않는 '거친 표현형'

세 번째 유형은 습관적으로 말을 거칠게 하거나 상대를 비난하는 방식으로 대화하는 사람이다. 이들은 상대방의 기분이나 입장을 전혀 배려하지 않고 함부로 말을 내뱉는다. 그리고 자신의 직설적인 태도를 '솔직함'이라고 포장한다. 하지만 실제로는 상대를 깎아내려 자신이 우월하다는 느낌을 받으려는 심리가 깔려 있다.

예를 들어, 친구가 새로운 취미를 시작한다고 했을 때 "네가 그걸 꾸준히 할 수 있을 것 같아? 작심삼일만 안 하면 다행이지"라고 비아냥거리는 것처럼 말이다.

이러한 공격적인 표현은 상대방의 자신감과 자존감을 크게 떨어뜨린다. 그리고 이런 말을 자주 듣는 사람은 결국 그 사람과의 대화를 피하게 되고, 관계가 오래 유지되기 어렵다.

이처럼 무례한 사람과의 대화는 나누면 나눌수록 주변 사람에게 매우 부정적인 영향을 미친다. 따라서 무례한 사람들로부터 나를 지키기 위해선 반드시 적당한 거리를 두거나 끊어내야 한다. 그리고 만약 당신이 이러한 상황에 노출되었다면, 반드시 '강하고 단호하게' 말해서 무례함으로부터 빠져나와야 한다. 괜히 무례한 사람을 바꿀 수 있다는 희망으로 무례함을 포용하는 건 에너지를 낭비하는 것이다. 그들과의 대화에서 당신의 마음이 다치지 않도록 지켜야 한다.

이제부터 상대방의 말이 선을 넘었을 때 화를 내기보다는 "혹시 비꼬시는 건가요? 너무 무례하시네요"라며 상대방의 무례한 행동 자체를 정확하게 지적하며 침착하게 대응하자. 그리고 무례한 행동이 반복되는 사람과는 대화를 의도적으로 줄이자. 소중한 시간과 감정을 지키기 위해 심리적인 거리를 두어서 대처하는 것이 현명한 방법이다.

마지막으로, 나 자신도 무심결에 무례하게 말하고 있진 않은지 돌아봐야 한다. 상대방을 존중하고 그들의 말에 귀 기울이는 '따뜻한 경청의 자세'야말로 품격 있는 대화의 기본이며, 건강한 관계를 만드는 가장 강력한 자산임을 잊지 말자.

"대화는 사상의 배출구일 뿐 아니라
성품의 출구이다."


— 에머슨

DAY 23

# 최대한 '쉽게 설명하는 능력'을 갖춰라

무언가를 설명할 때, 아는 지식을 총동원해 굳이 어렵게 설명하는 사람들이 있다. 이들은 스스로가 지적 수준이 높고 뛰어난 사람이라고 착각하며 은근히 우월감을 느끼지만, 사실 이것은 지혜로운 행동이 아니다. 어려운 용어로 복잡하게 말하는 행위는 자신이 그 개념을 완전히 이해하지 못했거나 청중에 대한 배려가 부족하다는 뜻을 드러내는 지적 허세에 불과하다.

대화의 기본은 복잡한 개념이라도 쉽게 설명하는 능

력에서 시작된다. 말을 잘하는 사람은 화려하고 유창한 단어를 구사하는 사람이 아니라, 전문 용어를 최대한 피하고 간결하고 명료하게, 심지어 어린아이가 듣더라도 그 본질을 충분히 이해할 수 있도록 말하는 사람이다.

이론물리학자 알버트 아인슈타인(Albert Einstein)은 "6살 아이에게 설명할 수 없다면, 그건 네가 제대로 이해하지 못한 것이다."라고 말했다. 말을 잘한다는 것은 어렵게 말하는 게 아니라 본질만 남겨서 어린아이도 이해하기 쉽게 말하는 것이다.

하지만 복잡한 내용을 쉽게 설명하는 일은 결코 쉽지 않다. 그것은 단순히 쉬운 단어를 선택하는 것을 넘어 상대방의 눈높이에서 이해하고 소통하려는 배려가 없으면 불가능하다. 쉽게 설명한다는 것은 곧 그 개념에 대해 깊이 있게 통찰하고 핵심만을 간추릴 수 있는 능력을 갖고 있다는 뜻이다. 진정한 소통의 달인은 구체적인 이미지가 그려지도록 설명하는 사람이다.

예를 들어, 많은 사람이 어렵게 느끼는 '블록체인(Blockchain)' 기술에 대해 설명한다고 가정해 보자.

### 〈어려운 설명〉

"블록체인은 분산 원장 기술(DLT)을 기반으로 합니다. 노드 간의 합의 알고리즘을 통해 데이터의 불변성을 확보하고, 암호화 해시 함수로 연결된 블록 구조를 통해 보안을 극대화하는 혁신적인 패러다임입니다."(결과: 듣는 사람은 전문 용어의 홍수 속에서 핵심을 놓치고 대화에 흥미를 잃는다.)

### 〈쉬운 설명〉

"블록체인은 투명하고 안전한 '공동 노트'라고 생각하시면 이해하기 쉽습니다. 이 노트는 한 사람이 독점하는 것이 아니라, 관련된 모든 사람이 똑같은 사본을 가지고 있습니다. 그래서 누가 몰래 내용을 지우거나 위조하려고 해도, 다른 여러 사람의 노트와 일치하지 않기 때문에 절대 불가능하죠. 이처럼 모두가 동시에 내용을 확인하고 공유하는 것이 블록체인의 핵심입니다."(결과: 듣는 사람은 '공동 노트'라는 비유를 통해 블록체인의 원리(분산, 투명성)를 즉각적으로 시각화하고 이해한다.)

모든 것을 쉽게 설명하려는 노력은 단순히 말을 잘하

는 기술이 아니라, 상대를 존중하는 태도의 문제다. 당신의 지식으로 상대방을 압도하려 할 때, 대화는 단절되고 관계는 피로해진다. 하지만 어려운 것을 쉽게 풀어서 자세히 전달할 때, 당신의 통찰력은 더욱 빛나고 상대방은 진심으로 감사함을 느끼게 된다.

반면 복잡하게 설명하는 사람은 머릿속에서도 늘 복잡하게 생각한다. 그래서 결정이 늦고 선택 앞에서 망설인다. 반대로 쉽게 설명할 수 있으면 선택이 빨라진다. 핵심만 설명하는 사람은 지금 중요한 게 뭔지 바로 잡아내고, 그 일을 빠르게 이해하고 판단할 수 있다. 그래서 사람들은 본능적으로 자기를 헷갈리게 만드는 사람보다 명확히 이해시켜 주는 사람을 신뢰한다. 그리고 이것은 인맥, 평판, 기회로 직결된다.

그러니 오늘부터 당신의 말을 듣는 청중을 위해 단 10초만 더 생각하고 쉽게 말하자. 당신의 언어에 배려와 공감이 더해질 때, 당신의 말은 정보 전달을 넘어 사람의 마음을 움직이는 힘을 얻게 된다.

"간단히 설명하지 못한다면,

충분히 이해하지 못한 것이다."


— 알베르트 아인슈타인

DAY 24

# 때로는 솔직함을 피해야 한다

대화에서 솔직함은 미덕으로 통한다. 전달하고자 하는 내용을 명료하게, 숨김없이 말하는 것은 오해를 줄이고 신뢰를 쌓기 때문이다. 모호하게 돌려 말하면 상대방의 시간과 집중력을 낭비하게 하거나 혼란을 불러일으킬 수 있다. 특히, 업무나 협력 관계에서 직설적인 솔직함은 매우 효율적으로 작용한다.

하지만 누군가의 마음을 어루만져 주거나 깊은 위로를

건네야 하는 영역에서는 조금 다르다. 이때는 '솔직함'을 피해야 한다. 흔히 우리가 저지르는 큰 실수는 위로와 조언을 혼동하는 것이다. 위로와 조언 둘 다 상대를 위하는 마음에서 시작하지만, 그 목적과 기능은 완전히 다르다.

조언은 사건의 해결이 목적이다. 주로 문제의 원인, 해결 방법, 앞으로의 행동 방향 등 이성적이고 논리적인 분석에 초점을 맞춘다. 따라서 조언은 솔직하고 냉철한 진실을 말해야 한다.

위로는 사건의 해결보다 마음을 돌보고 회복시키는 것이 목적이다. 상대의 감정에 공감하고 그 감정이 충분히 이해받고 있다는 느낌을 전달하는 정서적 지지에 초점을 맞춘다.

만약 상대방이 고통 속에서 허우적대고 있다고 가정해 보자. 그때 필요한 건 '차가운 해결책'이 아니라 '따뜻한 공감'이다. 마음이 다친 상태에서는 어떤 조언도 제대로 받아들이기 어렵기 때문이다. 감정이 정리되지 않은 채 들리는 해결책은 위로가 아니라, 자신의 판단이 잘못되었다는 지적처럼 들리기 쉽다. 하지만 많은 사람들이 안타깝고 답답한 마음에 문제를 해결해 주고 싶어서 "네가 그때 이렇게 했어야지", "지금이라도 당장 이렇게 고쳐야 해"와 같은 조언을 건넨다. 그러나 이러한 조언은 오히려 상대에게 더 큰 상처를 주고 마음의 문을 굳게 닫게 만든다.

위로를 건넬 때 솔직함을 피해야 하는 이유는 진실이 항상 최선은 아니기 때문이다. 상대방의 자존감을 보호하고 회복의 길로 안내하기 위해선 때로는 약간의 '공감적 거짓말'도 필요하다.

예를 들어, 친구가 면접에서 떨어져 크게 낙담하고 있다고 가정해 보자.

**솔직한 조언**: "솔직히 네 발표가 좀 산만했고, 준비가 부족했어. 다음엔 이렇게 해보는 게 좋을 것 같아." (사실이지만 지금은 독이 된다)

**공감적 거짓말:** "이번 면접관들이 너의 진가를 못 알아봤네. 네 열정과 노력은 내가 누구보다 잘 알아. 그동안 고생 많았어. 절대 네 잘못 아니니까 자책하지 마."
(사실 여부보다 정서적 지지가 목적이다)

친구에게 필요한 것은 어떠한 조언이 아니라 상처받은 마음을 공감하고 위로해 주는 것이다. 당장 눈앞의 문제를 해결하려 들기보다, "나는 네 편이고, 너는 혼자가 아니며, 네 잘못이 아니다"라는 무조건적인 지지를 전달해야 한다. 이것이 위로의 본질이다.

만약 당신이 공감적 거짓말도 잘 못하는 사람이라면, 누군가에게 위로를 건넬 때 가장 현명한 방법은 '침묵'과 '경청'이다. 말을 아끼고 오직 듣는 것에만 집중하는 태도는 어떤 논리적인 조언보다 강력한 위로가 되기 때문이다.

말이 없다는 것은 상대의 감정을 판단하거나 평가하지 않겠다는 뜻이다. 그저 그 사람의 아픔이 충분히 이

공간에 존재해도 괜찮다고 허락해 주는 것이다. 고통에 잠겨 있는 사람에게는 복잡한 설명 대신 따뜻한 눈빛과 "그랬구나", "많이 힘들었겠네"라는 짧은 공감의 언어면 충분하다. 이해받았다는 감각만으로도 고통은 한결 가벼워지기 때문이다.

결국 위로란 마음을 읽어주는 일이다. 내가 하고 싶은 말, 내가 보기에 옳은 말이 아니라, 상대방이 지금 이 순간 필요로 하는 정서적 안전망을 제공하는 것이다. 솔직함은 상황에 따라 독이 될 수 있지만 따뜻한 침묵과 공감은 언제나 약이 된다.

진정한 지혜는 내가 가진 모든 진실을 쏟아내는 것이 아니라 언제 침묵하고 언제 말을 해야 할지 아는 데 있다. 상대방의 고통 앞에서 당신의 솔직함을 잠시 멈추는 일은 관계를 사랑으로 품는 가장 진중한 행동이며, 많은 말을 할 때보다 더 다정한 의사표현이 될 것이다.

"말할 때보다 침묵할 때가
더 지혜로울 때가 있다."


― 플라톤

$$DAY\ 25$$

# 사람은 이익보다 '잃는 것'에 더 쉽게 움직인다

"지금부터 딱! 10분만, 이 가격에 판매합니다."

"선착순 100명 한정! 지금이 아니면 이 가격은 없습니다."

홈쇼핑에서 이런 문구를 마주치면, 우리는 잠시 발걸음을 멈춘다. 사실 당장 필요한 물건은 아니다. 하지만 마음 한편에서는 다른 생각이 고개를 든다.

'이 기회, 다시 안 오면 어쩌지.'

'안 사면 나만 손해 보는 건가?'

'지금 사는 게 더 이득인 것 같은데.'

이 순간을 지배하는 감정은 기대가 아니다. '행복해질 것 같아서'가 아니라, '놓치면 손해일 것 같아서' 움직이게 되는 것이다.

이 행동을 설명하는 핵심 개념이 바로 행동경제학의 창시자 대니얼 카너먼(Daniel Kahneman)과 아모스 트버스키(Amos Tversky)가 정립한 손실 회피 심리다. 이 이론에 따르면 인간은 이익을 얻었을 때의 기쁨보다, 손실을 겪을 때 느끼는 고통을 약 2.5배 더 크게 느낀다고 한다.

우리의 뇌는 오래전부터 '생존'을 최우선 과제로 삼아왔다. 작은 손실 하나가 생존의 실패로 이어질 수 있기 때문이었다. 그래서 인간의 뇌는 '이익'보다 '손실'에 더 민감하게 반응하도록 설계되어 있다. 이 때문에 손실의 가능성은 이성보다 감정을 먼저 자극한다.

이러한 심리를 심리학에서는 '손실 회피 편향(loss aversion)'이라고 부른다. 그리고 많은 기업들은 이 심리를 적극 활용해 포모 마케팅(FOMO Marketing) 전략을 사용한다. 포모 마케팅이란, 사람들의 불안을 자극해 결정을 유도하는 전략이다. "1시간 남음", "마지막 재고" 같은 문구는 이득을 강조하기보다 손실을 피하게 만드는 장치다. 제한 시간 타이머가 돌아가는 쇼핑몰에서 느끼는 초조함, 주식 손실을 확정 짓지 못하고 끝까지 붙잡고 있는 심리 등 이 모든 게 손실 회피 본능이 작동하고 있다는 신호다.

무료 체험 역시 같은 원리다. 사람들에게 먼저 '이미 가지고 있다'는 감각을 준 뒤, 무료 체험 기간이 지나면 그 상태를 잃을 수 있다는 불안을 건드리는 것이다. 사람은 새로 얻는 것보다 이미 익숙해진 것을 빼앗기는 상황에 훨씬 더 크게 반응한다.

더 극단적인 예시로, 좋아하는 사람이 마침내 고백을 받아줬을 때의 기쁨보다, 이미 사귀던 애인을 다른 이에게 빼앗겼을 때의 고통을 더 크게 느끼는 것과 마찬가지다.

이처럼 이 원리는 일상에서도 그대로 적용된다. 시스템 도입을 제안할 때 "효율이 20% 향상됩니다"라고 말하는 것보다 "도입하지 않으면 매달 30시간의 인력 손실이 발생합니다"라고 말하는 편이 상대의 마음을 더 빠르게 움직이는 것이다.

사람은 미래의 이득보다 현재의 손실을 막기 위해 행동한다. 그래서 설득의 핵심은 '얼마나 좋아질지'를 설명하는 데 있지 않다. '지금 그대로 두면 무엇을 잃게 될지'를 명확하게 보여주는 데 있다.

설득에서 지지 않으려면 무엇을 더 줄 수 있을지를 고민하기 전에 상대가 무엇을 잃는 것을 가장 두려워하는지부터 살펴야 한다. 인간의 뇌는 만족보다 후회에 더 감정적으로 반응한다. 그리고 그 본능을 정확히 건드리는 말 한마디는 망설이던 사람을 결국 움직이게 만든다.

"손실은 동일한 이익보다
더 크게 느껴진다."


— 대니얼 카너먼 & 아모스 트버스키

DAY 26

# 매력적인 말투, 쿠션어 사용법

일을 하다 보면 요청을 거절해야 할 때가 있다. 거절은 말을 꺼내기 전부터 이미 마음이 먼저 무거워지는 일이다. 그러나 같은 거절이라도 어떤 말로 시작하느냐에 따라 상대가 느끼는 온도는 완전히 달라진다. 내용 자체는 정확하게 전달해야 하지만 너무 딱딱하고 단도직입적으로 말하면 안 된다. 듣는 사람 입장에서는 그 말이 차갑거나 냉정하게 들릴 수도 있기 때문이다.

그럴 때 말과 말 사이에 생기는 불편함을 덜어주고 상대의 마음을 편안하게 해주는 완충 장치가 필요한데, 그게 바로 '쿠션어'이다. 쿠션어는 말의 핵심을 흐리지 않으면서, 감정적 충격을 줄여주는 표현이다. 쿠션어를 사용하면 거절을 부드럽게 전달해 상대의 반감을 낮춘다.

쿠션어는 '말의 예의'를 지켜주는 역할을 한다. 어떤 부탁이나 거절을 하기 전에 잠시 멈춰서 "당신의 마음을 먼저 생각하고 말할게요"라는 신호를 보내는 것이다. 이 작은 배려 덕분에 상대방은 기분 나빠지거나 반발심을 가질 틈 없이 우리의 본론을 좀 더 열린 마음으로 받아들이게 된다.

쿠션어는 상황에 따라 다르게 써야 한다. 부탁할 때, 거절할 때, 다음 기회를 남길 때 등 각각의 말투가 달라야 효과가 있다. 아래에 이 세 가지 핵심 상황을 기준으로 쿠션어 사용법을 정리했다. 바로 적용할 수 있는 표현들만 추려 담았으니, 그대로 따라 하기만 해도 말의 인상이 한결 부드러워질 것이다.

## 1. 부탁할 때: 상대방의 상황을 존중하기

누군가에게 도움을 요청하는 일은 그 사람의 시간과 노력을 빌리는 일이다. 그런데 곧바로 "이것 좀 해줘"라고 말하면, 상대방은 왠지 모르게 압박감을 느끼게 된다. 이럴 때 쿠션어를 사용하면 요청하는 사람의 배려심이 돋보인다.

1. "바쁘신 줄 알지만, 혹시 잠깐 시간 되실까요?"
2. "실례가 안 된다면, 이것 좀 여쭤봐도 될까요?"
3. "혹시 괜찮다면, 작은 도움을 받을 수 있을까요?"

이렇게 말하면 상대방은 '나를 함부로 대하는 게 아니라, 내 상황을 신경 써주고 있구나'라고 느끼게 된다. 그리고 요청을 받아들이더라도 기분 좋게 도와줄 확률이 훨씬 높아진다.

## 2. 거절할 때: 당신의 마음을 전달하기

거절은 참 어렵다. "안 돼요"라고 딱 잘라 말하면 상대방은 실망을 넘어 상처를 받을 수도 있다. 하지만 쿠션어는 거절의 말을 부드러운 솜처럼 감싸주어, 상대방의 감정을 다치지 않게 보호해 준다. 거절할 때는 상대방의 마음을 이해하고 공감하는 말부터 시작하는 것이 핵심이다.

1. "많이 힘드신 거 알아요. 그래서 저도 정말로 도와드리고 싶은데, 지금은 맡은 일이 너무 많아서 시간이 도저히 안 날 것 같아요."

2. "이런 부탁 자체가 쉽지 않으셨을 텐데, 그럼에도 불구하고 지금은 응답 드리기 힘들 것 같아요."

3. "불러주셔서 고마워요. 정말 가고 싶었는데, 아쉽게도 그날은 피치 못할 사정이 있어서요."

이렇게 '도와주지 못해 아쉽다'라는 마음을 먼저 전달하고 '내 상황 때문에 어쩔 수 없다'라는 이유를 설명하

면, 상대방은 자신을 싫어해서 거절한 것이 아님을 알게
된다. 이 말투는 관계를 깨지 않고 거절의 뜻을 명확히
전달할 수 있는 현명한 방법이다.

### 3. 다음 기회를 열어두기

부탁이나 거절이 끝난 뒤에는 바로 대화를 마무리하
는 것보다 아래와 같이 한마디를 덧붙이면 좋다.

1. "이번엔 아쉽지만, 나중에 꼭 제가 도와드릴게요."
2. "언제 여유가 있을 때 다시 한번 말씀해 주세요."

이런 식으로 말하면 요청은 정중히 멈추되 관계의 문
은 열어 둔 채 대화를 마무리할 수 있다. 왜냐하면 당신
이 상대방과의 관계를 소중히 여긴다는 메시지를 전달
하기 때문이다.

이런 작은 말 한마디가 유난스럽거나 불필요해 보일
수도 있다. 하지만 우리가 무심코 내뱉는 단어 하나하

나가 쌓여 우리의 평판, 즉 '저 사람은 함께 일하고 싶은 사람이다'라는 이미지를 만든다. 좋은 인간관계는 결국 이런 작은 노력들로 이루어지는 법이다. 당신의 말투에 쿠션어를 더하는 순간, 당신은 더 배려심 깊고 매력적인 사람으로 기억될 것이고, 그 좋은 평판은 당신의 인생에 행운이라는 멋진 기회들을 가져다준다.

말투에 쿠션 하나를 더하는 것은 상대방에게 마음의 문을 열어달라고 부드럽게 노크하는 것과 같다. 이 작은 노크 소리가 당신의 대화를 편안하게 만들고, 당신을 더욱 매력적인 사람으로 만든다. 말이 통하는 사람들의 비밀은 어려운 단어가 아닌, 상대방을 먼저 생각하는 따뜻한 언어에 있다는 걸 기억하자.

"되는 대로 하는 말은 비수처럼 찌르지만,
지혜로운 자의 혀는 상한 마음을 고쳐 준다."


— 성경 잠언

$$\text{DAY 27}$$

# 커리어를 말할 땐 숫자로 말해라

새로운 직장을 구하거나, 투자자를 만날 때 등 다양한 자리에서 커리어를 설명해야 할 때가 있다. 그런데 잘 보이고 싶은 마음에 지금까지 쌓아온 많은 양의 업적을 다 말하려다 보니 대부분 실수를 한다. 바로 자신의 업적을 '감정'이나 '일반적인 표현'으로 전달하려는 것이다.

예를 들어, 누군가에게 나 자신을 소개한다고 해 보자.

"안녕하세요, 저는 현재 인스타그램에서 매일 꾸준히

활동하며 많은 사람들에게 위로와 공감이 되는 콘텐츠를 발행하고, 출판사를 운영하면서 꾸준히 글을 적어 에세이, 인문서를 출간하였고, 계속해서 수많은 사람들에게 좋은 글과 책을 알리고 싶은 베스트셀러 작가입니다."

이 말을 들으면 듣는 순간에는 고개를 끄덕이게 되지만, 돌아서면 머릿속에 남는 것이 하나도 없을 것이다. '열심히 사는 사람이구나' 정도의 느낌만 있을 뿐, 그 사람의 실제 역량이나 규모를 전혀 짐작할 수 없다. 이처럼 장황하지만 알맹이가 없는 설명은 듣는 사람의 주의를 흐트러뜨리고 당신의 가치를 제대로 전달하지 못한다.

그렇다면 이 문제를 해결할 수 있는 것은 무엇일까? 그 열쇠는 바로 '숫자'다. 숫자는 우리가 사용하는 언어 중에서 가장 명확하고 객관적인 형태이다. "열심히 일했다"라는 주관적인 표현 대신, "매출을 20% 증가시켰다"라는 숫자를 제시하는 순간, 당신의 말은 더 이상 단순한 주장이 아닌 증명된 사실이 된다. 숫자는 규모, 성과,

영향력을 단숨에 보여주며, 듣는 사람의 머릿속에 정확하고 뚜렷하게 각인시킨다.

숫자로 다시 쓴 자기소개는 이렇다.

"안녕하세요, 저는 현재 인스타그램에서 월 도달 4,000만 이상 나오는 8만 팔로우 글 계정을 운영하고 있습니다. 또 1인 출판사를 운영하며 에세이 1권, 인문서 1권을 출간했고, 약 7개월 동안 10,000부 이상 판매한 베스트셀러 작가입니다."

말은 훨씬 줄었지만, 듣는 사람은 '이 사람이 8만 명의 독자를 보유하고, 한 달에 4천만 명에게 영향력을 미치며, 실제로 책이 1만 권이나 팔린 유명 작가구나'라는 것을 단번에 이해하고 기억하게 된다.

그렇다면 숫자는 왜 이렇게 강력한 전달력을 가질까? 이유는 청중의 시간과 신뢰를 존중하는 문제와 직결되기 때문이다. 기업에서 인사 및 채용 컨설팅을 진행해 온 커리어 전문가들은 한목소리로 다음과 같이 조언한다.

"이력서나 자기소개에서 가장 먼저 걸러내는 것은 추상적인 표현들이다. '책임감 있게 일했다', '긍정적인 영향을 주었다'와 같은 표현은 결국 '그래서 무엇을 이루었는가?'라는 질문에 답하지 못하기 때문이다. 그러나 숫자는 청중의 불필요한 추측을 막아준다. 이는 곧 청중의 시간을 존중한다는 의미이며, 모든 비즈니스와 관계에서 신뢰를 쌓는 첫걸음이다."

숫자는 당신의 업적이 정량화될 수 있음을 증명하며, 이는 곧 측정 가능하고 검증 가능한 결과를 만들어내는 사람이라는 인상을 심어준다. 이처럼 객관적인 데이터는 당신의 주장에 힘을 실어주고, 경쟁자들 사이에서 당신을 명확하게 돋보이게 만드는 핵심 도구가 된다.

그러나 '숫자로 말하라'는 말은 단순히 매출만 언급하

라는 뜻은 아니다. 당신의 노력 하나하나를 결과와 규모로 바꿔 말하는 훈련이 필요하다. 즉, 모든 경험을 '무엇을 했는가'가 아니라 '얼마나 만들어냈는가'로 말하는 것이다. 숫자는 성과를 꾸미지 않는다. 대신, 성과를 정확히 보이게 만든다.

예를 들어, 업무의 효율성을 이야기할 때, 단순히 "복잡한 업무 프로세스를 개선했습니다"라고 말하는 대신, "업무 프로세스를 개선해 1건당 처리 시간을 평균 20분에서 13분으로 줄였고, 그 결과 연간 약 100시간의 인력 낭비를 줄였습니다"라고 구체적인 절감 효과를 언급해야 한다.

또한, 고객 만족과 관련된 성과를 보여줄 때도 "많은 고객의 불만을 해결했습니다"라는 표현보다는, "월 평균 1,000건 이상의 CS를 처리하며 만족도를 8.7점에서 9.5점으로 끌어올렸고, 반품률을 5%P 감소시켰습니다"라고 말해야 당신의 기여도가 명확하게 드러난다. 마케팅 분야라면 "새로운 이메일 템플릿 도입으로 3개월 만에 클릭률(CTR)을 8%에서 15%로 끌어올려, 기존 대비 약 2배 가까이 상승시켰습니다"라는 숫자가 추상적인 '노력'보다 훨씬 강한 설득력을 갖는다.

말을 잘한다는 것은 '고지식한 사실'을 나열하는 것이 아니라, 상대방이 쉽고 명확하게 이해할 수 있도록 설명하는 것이다. 당신의 노력과 성과가 아무리 대단하더라도 숫자로 표현되지 않으면 청중에게는 그저 감정적인 호소로만 남을 뿐이다. 당신이 영업을 하든, 서비스를 제공하든, 혹은 친구에게 새로운 도전을 이야기하든, 듣는 사람이 편안하게 이해하고 기억할 수 있는 객관적인 숫자를 사용해보자. 그러면 당신의 말은 이쁘게 포장된 이야기가 아니라, 숫자로 증명된 이력이 될 것이다.

"측정할 수 없는 것은 개선할 수 없다."


— 윌리엄 톰슨

## DAY 28

# 대화가 이어지지 않는 사람들의
# 공통된 한 가지 습관

대화에서 흔한 나쁜 습관 하나는, 상대의 말이 끝나기도 전에 이미 머릿속으로 결론을 내려버리는 것이다.

"저 사람 생각은 예상 가능하네."

"그건 틀렸어. 내 방식이 더 효율적인데…."

이런 판단이 먼저 작동하는 순간, 우리는 더 이상 상대의 말을 듣지 않는다. 말의 흐름보다 '문제가 뭔지', '내가 어떻게 해결할지'만 계산하게 되면서 대화는 막히기 시작한다.

이런 대화 방식은 겉보기엔 합리적이고 똑똑해 보일 수 있다. 하지만 실제로는 상대의 이야기를 이해하려는 대화가 아니라 내 기준으로 옳고 그름을 가르는 '재판'에 가깝다. 말투는 점점 가르치려는 어조가 되고, 상대의 생각은 내 기준으로 재단된다. 그 결과, 대화 상대는 존중받기보다 평가받는 듯한 감정을 먼저 느낀다.

사람들이 대화 중에 마음을 닫는 이유는 상대는 공감을 기대했지만 돌아오는 건 해결책, 조언, 판단일 때다. 상대는 "이 사람에게 더 말해봐야 소용없겠다"는 신호를 무의식적으로 느끼고 점점 자신의 이야기를 줄인다. 이렇게 신뢰는 말없이 깎여나간다.

이 흐름을 끊기 위해 꼭 필요한 태도가 바로 '판단 중지'다. 판단 중지란 아무 말도 하지 말라는 뜻이 아니다. 겉으로 조용히 있으라는 것도 아니다. 핵심은 내 안에서 자동으로 올라오는 평가와 결론을 잠시 멈추는 것이다. 상대의 말이 내 가치관이나 지식과 다르게 들려도 즉시 옳고 그름을 판단하지 않는 태도다.

물론 이건 쉽지 않다. 특히 내가 잘 알고 있다고 생각하는 분야일수록 더 어렵다. 상대가 부정확한 정보나 다른 관점을 말할 때 "아니, 그게 아니라…"라는 말이 거의 반사적으로 튀어나온다. 바로 그 순간이 연습할 기회다. 그때 한 박자 멈추고 이렇게 생각해 보는 것이다. "지금 나는 저 사람의 세계를 잠시 방문한 여행자다."

여행자는 그 나라의 문화와 방식을 평가하지 않는다. 다르다는 사실을 바로 틀림으로 판단하지 않는다. 그저 관찰하고 이해하려 한다. 상대의 방식이 내 방식과 다르다고 해서 그것을 즉시 판단할 권리가 나에게 있는 건 아니다.

이 태도를 유지하기 시작하면 대화의 질이 눈에 띄게

달라진다. 상대의 말에서 무엇을 반박할지 고민하던 시선이, 어느 순간부터 왜 이런 생각을 하게 되었는지로 옮겨간다. 이전에는 보이지 않던 감정의 맥락과 말의 배경이 보이기 시작한다.

그래서 상대가 틀린 정보를 말하더라도 바로 고치기보다 이렇게 말할 수 있게 된다. "그 관점은 흥미롭네요. 저는 조금 다르게 알고 있었는데 그 생각은 어떤 경험에서 나온 건가요?" 이 말투에는 정답 경쟁이 아니라 존중과 호기심이 담겨 있다. 그리고 이 차이가 대화를 계속 이어지게 만든다.

결국 말투는 상대를 향해 나가지만, 그 방향을 결정하는 건 내 안의 태도다. 판단을 멈추면 말은 자연스럽게 부드러워지고 상대는 더 안전하게 자신의 이야기를 꺼낼 수 있게 된다. 공감이란 상대의 말에 동의한다는 뜻이 아니다. "당신은 당신의 자리에서 그렇게 느낄 수 있다"라고 인정하는 태도다.

판단을 멈추면 대화는 느려지지만, 깊이는 커진다. 오늘부터 대화가 시작될 때마다 의식적으로 10초만 멈춰 보자. 상대의 첫 문장에 바로 반응하지 말고 그 말을 마음속에서 한 번 더 생각해 보자. 이 짧은 멈춤은 뇌가 '반박'이 아니라 '이해'를 선택하도록 만든다.

만약 지금 당신의 말투가 사람들과의 거리를 만들고 있다면 오늘부터 머릿속의 '판사'를 잠시 내려놓자. 판단을 멈추는 순간 대화는 다시 이어지고 사람들은 당신에게 조금 더 마음을 열게 된다.

"모든 일에는 다 이유가 있다.
우리가 그것을 다 이해하지는 못할 때조차."


— 오프라 윈프리

## DAY 29

# 인생을 바꾸는 한마디,
# "나중에" 대신 "지금"

예전에 나는 부담스러운 일을 유난히 싫어했다. 조금
이라도 복잡해 보이거나 내 능력 밖처럼 느껴지는 부탁
을 받으면 습관처럼 "나중에 할게요"라는 말을 꺼내며
자리를 피했다. 하지만 시간이 지나고 깨달은 건, 그때
나를 지키려고 했던 "나중에"라는 말이 사실은 성장하
지 못하게 만드는 족쇄였다.

작은 기회들은 지금 하든, 나중에 하든 큰 차이가 없고 자주 찾아온다. 그러나 인생을 바꿀 수 있는 결정적인 기회들은 다르다. 그 순간들은 한 번 지나가면 다시 돌아오지 않는다. 기회는 내 상황에 맞추어 생겨나는 게 아니기 때문이다.

나는 그렇게 중요한 기회들을 여러 번 흘려보냈고 그때마다 뒤늦게 후회했다. 그리고 깨달았다. 말 습관을 바꾸지 않으면 나는 평생 기회를 붙잡지 못하고 제자리걸음을 반복할 수밖에 없다는 것을.

만약 늘 좋은 기회를 놓치고 후회하는 사람이라면 가장 먼저 자신의 태도와 말 습관부터 돌아봐야 한다. 우리는 종종 부담 앞에서 이렇게 말한다. "조금 부담스러워서요.", "지금은 여유가 없어서요."

하지만 냉정하게 말해 그 '부담스러운 일'이야말로 인생 궤도를 바꿀 수 있는 기회일 가능성이 높다. 왜냐하면 쉬운 일은 이미 모두가 하고 있고, 그것만으로는 절대 경쟁력이 생기지 않기 때문이다.

물론 지금 삶에 만족하며 현재 위치에서 안주해도 충분히 행복한 사람들이 있다. 하지만 세상은 계속 움직이고, 선택하지 않으면 기회는 다른 이에게 넘어간다. 성장해야 하는 이유는, 단순히 더 나은 결과를 위해서가 아니라 스스로 선택할 수 있는 범위를 넓히고, 인생의 주도권을 유지하기 위해서다. 성장은 결국, 내 가능성을 더 넓히고 미래를 스스로 설계하기 위한 필수 조건이다.

진짜 성장의 기회는 늘 낯설고 불편하다. 머릿속을 복잡하게 만들고, 잠자리에 누워서도 계속 근심하게 만든다. 그 압박감을 견디는 소수의 사람만이 결국 그 기회를 자기 것으로 만든다. 실제로 우리가 피하는 대부분의 일은 완벽하지는 않아도 마음만 먹으면 충분히 해낼 수 있는 것들이다. 그럼에도 우리는 '귀찮음'과 '부담감' 앞에서 스스로 기회의 문을 닫아버린다.

요즘 직장에선 리더 직책이나 프로젝트 책임자 자리가 주어지면 많은 사람이 부담을 이유로 거절한다고 한다. 당장의 급여 차이는 크지 않은데 업무량은 훨씬 늘어날 것 같기 때문이다. 물론 틀린 말은 아니지만 조금만 시야를 넓혀 보자.

리더 경험은 단순히 돈의 문제가 아니다. 팀과 프로젝트 전체를 조망하며 전략적으로 사고하는 능력을 기를 수 있고, 이 과정에서 팀 관리, 우선순위 조정, 의사결정 능력 등 실무 이상의 역량을 쌓게 된다. 또한 경영진이나 외부 파트너 앞에서 자신의 존재감을 분명히 드러낼 기회를 얻을 수 있다. 이 경험은 다음 이직이나 커리어의 전환점에서 단순한 실무 경험과는 비교할 수 없는 가치를 만든다. 이처럼 지금의 부담은 미래의 선택지를 넓혀주는 투자가 된다.

나 역시 예전에는 부담스러운 일을 피해 다녔다. 하지만 그것이 나를 전혀 성장시키지 못한다는 걸 깨달은 뒤부터 태도를 완전히 바꿨다. 부담스럽다면 오히려 해보자는 쪽으로 말이다. 그 선택 덕분에 나는 이전보다 훨씬 빠르게 성장했고, 불경기 속에서도 새로운 사업을 시작할 수 있는 용기와 역량을 갖추게 되었다.

만약 당신이 정말로 인생을 바꾸고 싶다면, 부담을 피하는 법이 아니라 부담을 견디는 법을 배워야 한다. "나중에요"라는 말 대신 "한번 해보겠습니다"라고 말해보자. 그 한마디가 당신을 믿을 수 있는 사람, 함께하고 싶은 사람으로 만든다.

당신의 인생을 바꾸는 건 거창한 운명도, 완벽한 준비도 아니다. 그 차이는 당신이 매 순간 어떤 말을 선택하느냐에 있다. "나중에"라고 말하는 순간 당신은 기회를 흘려보내는 사람이 되고, "지금 해보겠습니다"라고 말하는 순간 당신은 기회를 붙잡는 사람이 된다. 그리고 그것이 결국 인생의 방향을 완전히 바꾼다.

"도전은 인생을 흥미롭게 만들며,
도전의 극복이 인생을 의미 있게 한다."


— 조슈아 J. 마린

$$\text{DAY } 30$$

# 변화의 시작은 당신의 입술이다

"그냥 하소연 좀 한 건데 뭐." 우리는 종종 답답한 마음을 풀어낸다는 이유로 불평을 단순한 감정 해소라고 여기며 내뱉는다. 하지만 만약 그 무심한 한마디가 당신의 뇌를 조금씩, 그러나 확실하게 안 좋은 영향을 주고 있다면 당신은 여전히 그 불평을 할 것인가?

불평은 단순한 말버릇이 아니다. 반복되는 불평은 스스로의 내면을 약하게 만드는 가장 확실한 습관이다. 뇌과학은 이 문제를 감정의 영역이 아니라 구조의 문제로 설명한다. 우리 뇌는 '신경 가소성'이라는 원리에 따라 자주 쓰는 신경 회로는 강화되고, 덜 쓰는 회로는 점점 사라진다. 이때 해결책 없는 불평을 반복하면 뇌는 이렇게 학습한다. "세상은 위협적이다.", "나는 늘 불만족스럽다.", "스트레스 상태가 기본값이다."

그 결과 뇌는 부정적인 정보를 더 빠르게 감지하고 더 오래 기억되는 구조로 바뀐다. 좋은 일보다 나쁜 일이 더 또렷이 기억되고, 가능성보다 문제점이 먼저 보이며, 판단은 조급하고 비관적으로 흐른다. 기억력은 떨어지고 집중력도 흐려진다. 뇌가 '문제 해결'이 아니라 '불행 감지'에 최적화되어 버리기 때문이다.

많은 사람이 불평을 하면 속이 시원해진다고 느낀다. 하지만 그건 착각에 가깝다. 불평의 말을 가장 먼저, 가장 많이 듣는 사람은 언제나 자기 자신이다. 내 입으로 내뱉은 부정적인 말은, 귀를 거쳐 다시 내 뇌로 돌아간다. 그 말은 정보로 처리되고, 뇌는 그 정보를 사실처럼 저장한다. 그렇게 우리는 스스로를 조금씩 '불행에 익숙한 사람'으로 길들이고 있는 셈이다.

문제는 이 습관이 사고방식에만 영향을 주는 데서 끝나지 않는다는 점이다. 불평이 잦아질수록 불만은 많아지고 행동은 줄어든다. 뇌가 이미 "어차피 안 된다"라는 결론에 익숙해져 있기 때문이다. 이 상태가 오래 지속되면 사람은 상황을 바꾸려는 시도 자체를 포기하게 된다. 불평은 현실을 바꾸지 못하고, 변화를 시도할 힘만 빼앗는다.

그래서 중요한 건 불평을 입 밖으로 내뱉지 않는 것이다. 긍정적인 말을 억지로 하라는 게 아니다. 현실을 외면하라는 뜻도 아니다. 최소한 내 정신을 갉아먹는 말은 멈추라는 것이다. 불평한다고 달라지는 건 없고 오히려 뇌 기능을 해치기 때문이다. 불평이 올라오는 순간 이렇게 질문을 바꿔보는 것만으로도 충분하다. "이 말을 한다고 내 상황이 나아질까?", "아니면, 나만 더 지치게 되는 건 아닐까?"

말은 사고를 만들고, 사고는 뇌를 단련시키며, 뇌는 결국 인생의 방향을 결정한다. 당신의 인생이 막혀 있다고 느껴질수록 환경보다 먼저 점검해야 할 건 당신의 말버릇이다. 불평을 줄인다는 건 참는 게 아니라 더 나은 방향으로 에너지를 유지하는 선택이다.

마지막으로 이 책을 덮기 전에 꼭 기억했으면 한다. 당신을 가장 오래 설득하는 사람은 타인이 아니라 바로 당신 자신이라는 사실을. 뇌는 늘 당신의 말을 기록한다. 그래서 매일 어떤 말을 반복하느냐에 따라 당신의 뇌는 당신의 편이 될 수도 있고 가장 큰 적이 될 수도 있다. 그러니 스스로 망치는 말을 뱉지 말고, 당신의 삶을 앞으로 나아가게 하는 말을 선택하자.

당신의 인생이 가장 빠르게 변화하는 시점은 거창한

결심을 하는 순간이 아니다. 당신의 입술에서 시작되는 그 한마디다. 말투만 바꿔도 인생이 바뀐다. 말은 곧 인생의 방향이다.

"인간은 반복하는 말과 행동의 총합이다."

— 아리스토텔레스

# 말투만 바꿔도 인생이 바뀐다

**1판 1쇄 발행**  2026년 2월 26일
**1판 2쇄 발행**  2026년 4월 13일

**지은이**  김태환
**디자인**  주서윤, 김민지
**마케팅**  새벽녘
**펴낸곳**  새벽녘
**이메일**  booksaebyeok@gmail.com

ISBN: 979-11-991366-4-9(03190)